編み人形 100

Contents

カラフル *Colorful*

制作／**1**〜**8** ▸ 庄司靖子

ナチュラル Natural

制作／**9〜18**＞金子祥子

3

ファッションスナップ
Fashion Snap

19 エミリア
20 サラ

How to make ▶ P.31

21 ビビアン
22 ソフィ

How to make ▶ P.32

23 アンナ
24 ブルック

How to make ▶ P.33

25 クレア
26 エラ

How to make ▶ P.34

27 シエラ
28 ホノ

How to make ▶ P.35

29
イーサン

30
マイケル

How to make ▶ P.36

31
グレース

32
ハンナ

How to make ▶ P.37

33
ジュリア

34
ケイト

How to make ▶ P.38

35
ヘンリー

36
ケイティ

How to make ▶ P.39

37
ローレン

38
マリア

How to make ▶ P.40

39
マシュー

40
レオ

How to make ▶ P.41

パリジェンヌ
Parisienne

ロンドンっ子
Londoner

51

52

49

50

53

54

制作／**41〜54** ＞くげなつみ

民族衣装＆伝統ニット
National costume & Traditional knit

スウェーデン

ダーラフローダ
ガグネフ市の小さな村・ダーラフローダの
民族衣装はぽってりした花の刺繍が特徴です。

55 メアリー **56** ローラ

How to make ▶P.49

57 ジョセフ **58** ニコール

How to make ▶P.50

ラップランド

サーミ
北欧の北極圏・ラップランドに住んでいる
北方民族サーミ人の民族衣装。
サーミ人の旗にも使われる青・赤・黄・緑が特徴です。

アイスランド

ロピーセーター
羊毛を引き伸ばした
撚りのかかっていない糸（ロピー）で編む伝統ニット。
定番は丸ヨークのセーターです。

59 ジョン

60 レベッカ

How to make ▶P.52

制作／**55**〜**66** ＞横山かよ美

61 ルーク　**62 セオドア**

How to make ▶ P.53

ノルウェー

ファーナコフタ

ファーナ地方の伝統ニット。
ルース（シラミ模様）と呼ばれる編み込みを配置した
縞模様のコフタ（上着）が代表的。

アイルランド

アランセーター

アラン諸島が発祥といわれる伝統ニット。
模様にはそれぞれ意味があり、
家ごとにその組み合わせが異なりました。

63 ルイス　**64 ライアン**

How to make ▶ P.54

65 サマンサ　**66 レジーナ**

How to make ▶ P.55

スウェーデン

レットヴィーク

ダーラナ地方にある
レットヴィークの伝統衣装は、
赤を基調とした黒・白・緑の縞の
エプロンが特徴です。

Back Style

結婚式
Wedding

67
新郎
トーマス
▸P.58

68
新婦
ドロシー
▸P.56

Back Style

69
お色直しの
トーマス
▸ P.58

70
お色直しの
ドロシー
▸ P.56

制作／**67**〜**70** > 佐藤文子

クリスマス
Christmas

71
トナカイ
▶P.59

72
サンタ
▶P.60

73
エルダートナカイ
▶P.59

74
グランパサンタ
▶P.60

75
サンタママ
▶P.61

76
オフシーズンの
サンタパパ
▶P.61

制作／**71**〜**76** > 池上 舞

童話
Fairy tale

**ヘンゼルと
グレーテル**

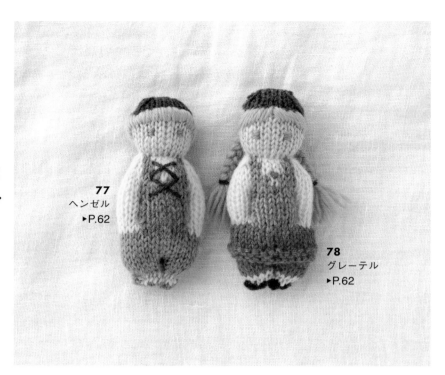

77
ヘンゼル
▸P.62

78
グレーテル
▸P.62

おやゆび姫

79
おやゆび姫
▸P.63

80
王子様
▸P.64

82
ハチ
▸P.66

81
花の妖精
▸P.65

制作／**77, 78** > 庄司靖子　**79～82** > 花木星ミトン

12

シンデレラ

83
魔法使い
▶P.67

白雪姫

84
シンデレラ
▶P.69

85
白雪姫
▶P.69

86
魔女
▶P.67

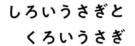

しろいうさぎと
くろいうさぎ

87
しろいうさぎ
▶P.70

88
くろいうさぎ
▶P.70

制作／**83**〜**88** > minao（横田美奈）

レストラン
Restaurant

92
ダニエル

91
オリーブ

How to make ▸ P.72

89
ペネロペ

90
イボンヌ

How to make ▸ P.71

カフェ
Cafe

画家
Painter

93
ディラン

94
アーロ

How to make ▸ P.73

制作／**89 ～ 94** > おのゆうこ（ucono）

家族
Family

糸の太さを変えて
サイズ違いに！

95
ジャック
▶P.74

96
ヘレン
▶P.74

99
ヒューゴ
▶P.76

100
メイ
▶P.76

97
クララ
▶P.75

98
アーサー
▶P.75

制作／**95 ～ 100** > ミドリノクマ

小物をプラスして着せ替えしてみましょう！

a. 帽子　**b.** ベレー帽　**c.** マフラー　**d.** バッグ　**e.** マント
How to make ▶ P.77

制作／**a ～ e** > おのゆうこ（ucono）

主な材料と用具

針
人形本体は小さな筒状に
編むので、棒針4本また
は5本の短い針が編みや
すい（写真はハマナカア
ミアミくつした針）。

毛糸とじ針
とじはぎだけでな
く、顔の刺繡など
にも使う。

糸
本書では並太・合太・中細の3種類の太さの糸を
使用。写真左から並太糸（ハマナカアメリー）、
合太糸（ハマナカアメリーエフ《合太》）、中細糸
（ハマナカ純毛中細）。

わた
弾力性に富んだポリエス
テルの手芸わたが使いや
すい。抗菌防臭タイプは
清潔で安心。

※すべてハマナカ (問P.80)

基本の人形　材料＆編み図の見方

P.22からのHow to makeページに記載した
材料と用具、編み図の表記のポイントです。

材料と用具

糸
ハマナカアメリーエフ《合太》
ピーチピンク（504）、マリーゴールドイエロー（503）、クリムゾンレッド（508）、
ピーコックグリーン（515）、ブラウン（519）、キャメル（520）、グレージュ（522）

針　棒針3号、4号
その他　わた3g

> 糸の分量は指定のあるもの以
> 外、すべて5g以下です

> 色違いのあるものはA、
> Bの表記があります

●配色表

	段数	
頭	36〜40	キャメル（520）
顔	27〜35	ピーチピンク（504）
服	13〜26	ピーコックグリーン（515）
ズボン	5〜12	マリーゴールドイエロー（503）
靴	1〜4	グレージュ（522）

きれいに編むコツ

編み地は少しきつめに編むのがポイ
ント。やや目の詰まった編み地にす
ることで、中に詰めたわたや裏に渡
した編み込み模様の配色糸が、編
み目の隙間から見えにくくなり、きれ
いに仕上がります。

> 本体は輪に
> 編みます

本体

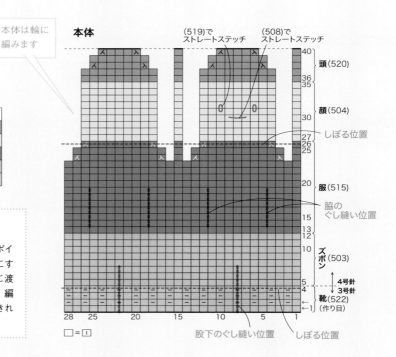

(519)で
ストレートステッチ

(508)で
ストレートステッチ

頭（520）
顔（504）
しぼる位置
服（515）
脇の
ぐし縫い位置
ズボン（503）
4号針
3号針
靴（522）
（作り目）

股下のぐし縫い位置
しぼる位置

□ = | |

◆ 基本の人形の編み方 ＊基本の人形（編み図→P.16）のプロセス解説です。

基本の人形（編み図→P.16）

 ボディを編む

1 糸端を約30cm残し、指でかける作り目で28目作り目（1段め）して輪にし、1目ゴム編みで3段編む。糸端を約10cm残して切り、5段めからは針の号数を上げ、糸の色を替える。

2 編み図のとおり、編み進める。

3 服部分も1と同様に配色を替え、23段めまで編む。

前側

4 24段めの服の前側は1目表目を編んだ後、右上2目一度1目、表目9目、左上2目一度1目を編む。前側が12目になる。

後ろ側

5 服の後ろ側も4と同様に編む。全体が24目になる。25段めは増減なく編み、26段めは4と同様に減らし目をして、編み図のとおり、編み進める。

6 頭も肩部分と同様に減らし目をしながら5段編む。全体が12目になる。糸端を約30cm残して糸を切る。

 頭をメリヤスはぎではぐ

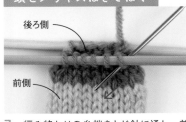

後ろ側
前側

7 編み終わりの糸端をとじ針に通し、前側の1目めにとじ針を向こうから手前に通す。

8 続いて、後ろ側の1目めにとじ針を手前から向こうに通す。

★　★

9 前側の2目をすくう。まず1目め（★）に手前から向こうにとじ針を入れ、その目を棒針からはずし、2目めにとじ針を向こうから手前に入れる。

☆　☆

10 次に後ろ側の2目をすくう。まず1目め（☆）に向こうから手前にとじ針を入れ、その目を棒針からはずし、2目めにとじ針を手前から向こうに入れる。

11 9〜10をくり返し、最後までメリヤスはぎではぐ。

糸端を結ぶ

12 本体を裏に返し、配色替えした部分の糸端をそれぞれひと結びする。

綿をつめる

13 12を表に返し、わたを均等につめる。

空き口をはぐ

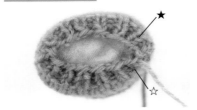

14 編み始めの糸端をとじ針に通し、作り目を上にして持つ。★と☆は15で最初にはぐ編み目。

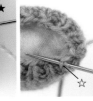

15 編み始めの空き口は、1目ゴム編みの表目だけすくい、メリヤスはぎではぐ。まず、前側の1目ゴム編みの表目(★)をすくう。次に後ろ側の表目(☆)をすくう。

16 15を最後までくり返し、糸を引いて、隙間をとじる。

足首を絞る

17 15のとじ針を編み地の中をくぐらせて靴の最終段に出し、足首位置の1目ゴム編みの表目だけを1周すくう。
※新たに糸をつけて作業してもよい。

18 最後まですくったら糸を引いてしぼる。好みの形になったら、とじ針をボディに刺し、左右に1往復させて糸を切る。

首をしぼる

19 首は服の色の糸で表目の右側1本だけを1周すくい、糸を引いてしぼり、足首と同様に始末する。

股下に溝を作る

20 ズボンの色の糸(約30cm)をとじ針に通し、股下位置の後ろ側から前側にとじ針を出す。

21 足先まで1目ずつぐし縫いして糸を引く。

22 針を刺した位置までぐし縫いして戻り、糸端を何度かボディの中にくぐらせて糸を切る。

脇の溝を作る

23 服の色の糸(約30cm)をとじ針に通し、股下と同様に脇にも溝を2か所作る。

顔の刺繍をする

24 目の色の糸をとじ針に通し、編み図の指示どおりに刺繍する(サテンステッチの場合は1か所に2〜3回刺す)。

後ろ側

できあがり

目の刺繍を縦に刺すバージョン

25 目が刺せた。口も同様に刺繍する。

26 糸端を何度かボディの中にくぐらせて糸を切る。

目の刺繍は、横に刺繍したり、フレンチノットステッチにする場合もあります！

横に刺繍

フレンチノットステッチ

◆ 髪の毛のつけ方

フロントヘア

1 髪の色の糸で、サテンステッチの要領で刺す。

2 あまり引きすぎず、毛先がランダムになるようにふんわり刺す。

ループヘア

糸

糸

1 髪の色の糸を頭の後ろ側から出す。

2 糸を人指し指にひと巻きし、ループの根元に針を入れて、編み地をすくう。

3 ループを作ったところ。糸はループの間から手前に出しておく。

4 針と糸をループの中を通して手前に戻し、再度、ループの根元に針を入れ、次に糸を出す位置に移動する。

5 糸を出したところ。ループが1つできた。続けて 2〜5 をくり返す。

ストレートヘアの場合はループヘアをアレンジ！

好みの長さのループを作り、ループの先をカットする。

お団子ヘア

1 糸を2本どりしてとじ針に通し、ループ
ヘア（→P.19）と同じように編み地から
糸を出す。指にひと巻きしたら、編み地
をすくって後ろ側にとじ針を出す。

2 1を10回くり返してループの束を作る。
最後はループの輪の中に糸を通してしぼ
る。

3 そのままループの編み地をすくってとめ、
2、3回根元に糸を巻きつけてから根
元に針を入れてとめ、お団子の形を整
える。

ロングヘア

1 頭の中央にゆるくバックステッチを刺
す。

2 髪の長さ分の糸をとじ針に通し、バック
ステッチの1目をすくって隙間に通す。

3 長い髪を通したところ。作品に合わせ
て、三つ編みしたり、縫いとめたりする。

◆ スカートの編み出し方

服
ズボン

ズボン

1 頭を上にして持ち、ウエスト部分の表目
の右1本を棒針で拾い、ぐるりと1周す
くう。

2 頭を下にして持ち直し、指定の色で編み
図のとおりに足先へ向かって輪に編む。

ハイネックも同じ要領で
編み出します！

首元は頭を上にして持ち、同様に服
の目を拾って、上へ編み上げる。

ガーター編みから目を拾う場合

服
ズボン

ズボン

ズボン

1 頭を上にして持ち、ウエストの裏目部
分のコブ（横方向に並んだ糸）を棒針
で拾う。

2 針を入れたところ。

3 エプロンの場合は足先に向かって往
復編みをする。

How to make

＊作品のサイズは編む人の手加減によって変わります。作り方に表記された人形の全長を目安にし、ご自分の手の加減に合わせて針の号数や糸の分量を調整してください。

＊基本の編み方と仕上げ方はP.17〜20のポイントレッスンを参考にしてください。

＊糸の分量は指定のあるもの以外、すべて5g以下です。

※使用糸、使用色は2023年9月現在の情報です。廃番になることがありますので、あらかじめご了承ください。

1.アイラ　　2.エミリー

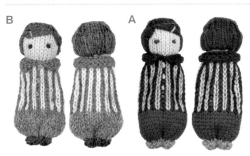

材料と用具　（A：エミリー、B：アイラ ）

■ 糸　**ハマナカアメリーエフ《合太》**

A… マリーゴールドイエロー（503）、ピーチピンク（504）、ダークレッド（509）、ネイビーブルー（514）、ブラウン（519）、キャメル（520）、グレージュ（522）、ダークグレー（526）

B… ナチュラルホワイト（501）、ピーチピンク（504）、パロットグリーン（516）、ブラウン（519）、グレー（523）、グレイッシュローズ（525）、ダークグレー（526）

■ 針　棒針3号、4号

■ その他　わた3g

作り方のポイント

●本体を編んだら衿を編み出し、髪とボタンを刺繍する。

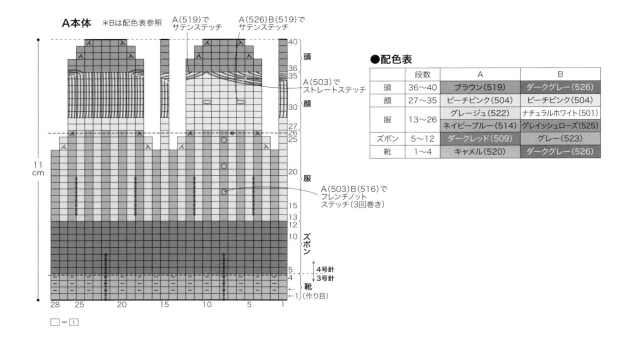

A本体　＊Bは配色表参照

A(519)で サテンステッチ
A(526)B(519)で サテンステッチ
A(503)で ストレートステッチ
A(503)B(516)で フレンチノットステッチ（3回巻き）

頭 40 36 35
顔 30 27 26 25
服 20 15 13 12 10
ズボン 5 4
靴 1←（作り目）

4号針
3号針

11cm

28　25　20　15　10　5　1

□＝|

●配色表

	段数	A	B
頭	36～40	ブラウン（519）	ダークグレー（526）
顔	27～35	ピーチピンク（504）	ピーチピンク（504）
服	13～26	グレージュ（522）	ナチュラルホワイト（501）
		ネイビーブルー（514）	グレイッシュローズ（525）
ズボン	5～12	ダークレッド（509）	グレー（523）
靴	1～4	キャメル（520）	ダークグレー（526）

衿 4号針
A(514) B(525)

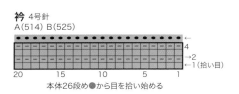

4
2
1（拾い目）

20　15　10　5　1

本体26段め●から目を拾い始める

B髪の毛・髪飾りのステッチ

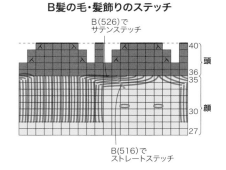

B(526)で サテンステッチ

B(516)で ストレートステッチ

頭 40 36 35
顔 30 27

3. イザベラ　4. リリー

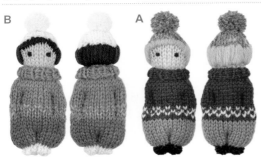

B　A

材料と用具　（A：リリー、B：イザベラ）

糸　ハマナカアメリーエフ《合太》
A …ナチュラルホワイト (501)、マリーゴールドイエロー (503)、ピーチピンク (504)、ダークレッド (509)、ネイビーブルー (514)、ブラウン (519)、キャメル (520)、グレー (523)
B …ナチュラルホワイト (501)、ピーチピンク (504)、ラベンダーブルー (513)、パロットグリーン (516)、ブラウン (519)、グレージュ (522)
針　棒針3号、4号
その他　わた3g

作り方のポイント
●本体を編んだら、タートルネックを編み出す。
●ボンボンを作り、とじつける。

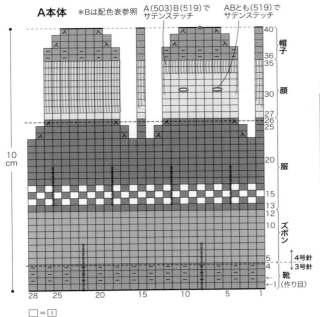

A本体　＊Bは配色表参照

A(503)B(519)でサテンステッチ

ABとも(519)でサテンステッチ

帽子　40 36 35
顔　30 27 26 25
服　20 15 13 12 10
ズボン　5 4
靴　1 ←1（作り目）

28　25　20　15　10　5　1

10cm

□ = ⊡

●配色表

	段数	A	B
帽子	36〜40	グレー (523)	ナチュラルホワイト(501)
顔	27〜35	ピーチピンク (504)	ピーチピンク (504)
服	13〜26	ナチュラルホワイト(501)	グレージュ (522)
		ダークレッド (509)	パロットグリーン (516)
ズボン	5〜12	キャメル (520)	ラベンダーブルー (513)
靴	1〜4	ネイビーブルー (514)	ナチュラルホワイト(501)

タートルネック　4号針
A(509) B(516)

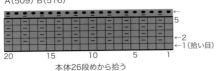

5 ←2 ←1（拾い目）
20　15　10　5　1
本体26段めから拾う

ボンボン
A(523) B(501)

3cm
厚紙に糸を30回巻く

カット
厚紙からはずし中央を共糸で結ぶわをカットする

2cm
切り揃え本体●にとじつける

5. オリビア　　6. ジェシカ

材料と用具　（A：ジェシカ、B：オリビア）

糸　ハマナカアメリーエフ《合太》
- A… ナチュラルホワイト（501）、クリームイエロー（502）、ピーチピンク（504）、ダークレッド（509）、パロットグリーン（516）、キャメル（520）、ダークグレー（526）、セラドン（528）
- B… ナチュラルホワイト（501）、ピーチピンク（504）、キャメル（520）、グレージュ（522）、グレー（523）、ブラック（524）、ダークグレー（526）

針　棒針3号、4号

その他　わた3g

作り方のポイント
- ●本体を編んだら、髪をつける。
- ●マフラーを編み、首に巻く。

A本体　＊Bは配色表参照

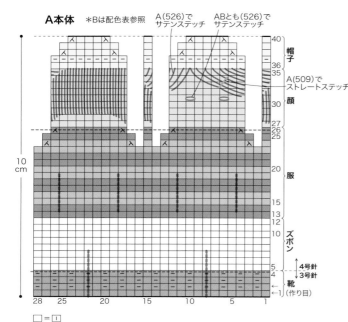

A(526)で
サテンステッチ

ABとも(526)で
サテンステッチ

A(509)で
ストレートステッチ

□ = □

●配色表

	段数	A	B
帽子	36〜40	クリームイエロー（502）	グレー（523）
顔	27〜35	ピーチピンク（504）	ピーチピンク（504）
服	13〜26	パロットグリーン（516）	グレージュ（522）
		セラドン（528）	ナチュラルホワイト（501）
ズボン	5〜12	ナチュラルホワイト（501）	ダークグレー（526）
靴	1〜4	キャメル（520）	ブラック　（524）

マフラー　3号針

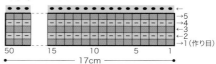

17cm

●マフラー配色表

A	B
パロットグリーン（516）	グレージュ（522）
セラドン（528）	ナチュラルホワイト（501）

B髪（520）

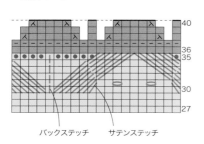

バックステッチ　サテンステッチ

三つ編み（520）

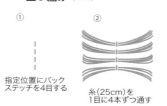

① 指定位置にバックステッチを4目する

② 糸（25cm）を1目に4本ずつ通す

③ 糸25cmを本体●に1本ずつ通す

4cm
（523）で結ぶ
1.5cm
②③で三つ編みにし（523）で結ぶ

7.フレア　8.アグネス

B　A

材料と用具　（A：アグネス、B：フレア）

糸　**ハマナカアメリーエフ《合太》**
A… マリーゴールドイエロー（503）、ピーチピンク（504）、ブラウン
（519）、グレー（523）、ダークグレー（526）、セラドン（528）
B… ナチュラルホワイト（501）、ピーチピンク（504）、ライトブルー
（512）、ネイビーブルー（514）、ピーコックグリーン（515）、キャ
メル（520）、ダークグレー（526）
針　棒針3号、4号
その他　わた3g

作り方のポイント

●本体を編んだらスカートを編み出し、髪を刺繍する。
●Aは髪を作り、とじつける。

A本体　＊Bは配色表参照
A(519)で　ABとも(526)で
サテンステッチ　サテンステッチ

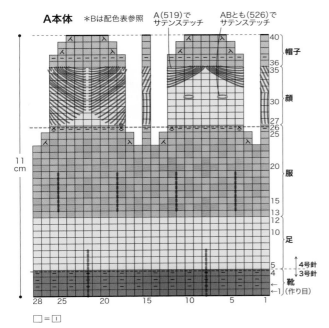

11cm

帽子　40 36 35
顔　30 27 26 25
服　20 15 13 12 10
足　5 4号針　4 3号針　靴　←1(作り目)

28 25 20 15 10 5 1

□ = |

●配色表

	段数	A	B
帽子	36～40	マリーゴールドイエロー（503）	ナチュラルホワイト（501）
顔	27～35	ピーチピンク（504）	ピーチピンク（504）
服	13～26	セラドン（528）	ピーコックグリーン（515）
		グレー（523）	ライトブルー（512）
		マリーゴールドイエロー（503）	ナチュラルホワイト（501）
足	5～12	ピーチピンク（504）	ピーチピンク（504）
靴	1～4	ダークグレー（526）	ネイビーブルー（514）

A髪

2.5cm

厚紙に(519)を
5回巻き、共糸で
わを結ぶ

厚紙からはずし
中央を(528)で結び
余分をカットする

本体●に
とじつける

スカート　4号針
A(526) B(514)

脇　↓　脇　↓

8 5 ←1(拾い目)
28 25 20 15 10 5 1

本体13段めを拾う

B髪の毛・髪飾りのステッチ

B(520)で
サテンステッチ

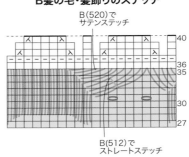

40 36 35 30 27

B(512)で
ストレートステッチ

9. ドナ　　10. リアム

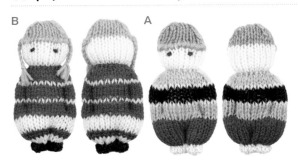

材料と用具　（A：リアム、B：ドナ）

糸　ハマナカアメリーエフ《合太》
A… ナチュラルホワイト（501）、マリーゴールドイエロー（503）、クリムゾンレッド（508）、ライトブルー（512）、ネイビーブルー（514）、オートミール（521）、ダークグレー（526）
B… ナチュラルホワイト（501）、マリーゴールドイエロー（503）、クリムゾンレッド（508）、ブラウン（519）、ダークグレー（526）、ロイヤルブルー（527）

針　棒針3号、4号

その他　わた3g

作り方のポイント

●Bは本体を編んだら髪をつける。

●A配色表

	段数	A		
帽子	35〜40	オートミール（521）		
顔	27〜34	ナチュラルホワイト（501）		
服	13〜26	ライトブルー（512）		
		ナチュラルホワイト（501）		
		ネイビーブルー（514）		
ズボン	5〜12	クリムゾンレッド（508）		
靴	1〜4	ナチュラルホワイト（501）		

●B配色表

	段数	B
頭	35〜40	マリーゴールドイエロー（503）
顔	27〜34	ナチュラルホワイト（501）
服	13〜26	クリムゾンレッド（508）
		ナチュラルホワイト（501）
ズボン	5〜12	ロイヤルブルー（527）
		ナチュラルホワイト（501）
靴	1〜4	ブラウン（519）

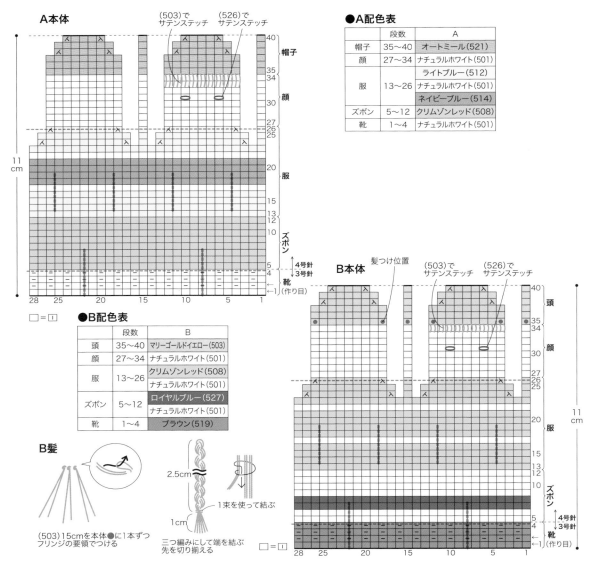

A本体

（503）でサテンステッチ　（526）でサテンステッチ

帽子　顔　服　ズボン　靴

11cm

4号針　3号針　←1（作り目）

□ = ☐

B本体

髪つけ位置　（503）でサテンステッチ　（526）でサテンステッチ

頭　顔　服　ズボン　靴

11cm

4号針　3号針　←1（作り目）

B髪

（503）15cmを本体●に1本ずつフリンジの要領でつける

2.5cm
1cm
1束を使って結ぶ
三つ編みにして端を結ぶ
先を切り揃える

11. オリバー　　12. ノア

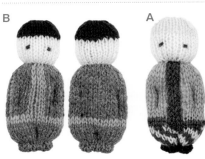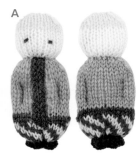

材料と用具　（A：ノア、B：オリバー）

糸　ハマナカアメリーエフ《合太》
A… ナチュラルホワイト（501）、クリームイエロー（502）、ブラウン（519）、グレージュ（522）、ダークグレー（526）、ロイヤルブルー（527）
B… ナチュラルホワイト（501）、ブラウン（519）、グレージュ（522）、グレー（523）、ダークグレー（526）、セラドン（528）
針　棒針3号、4号
その他　わた3g

A本体　＊Bは配色表参照

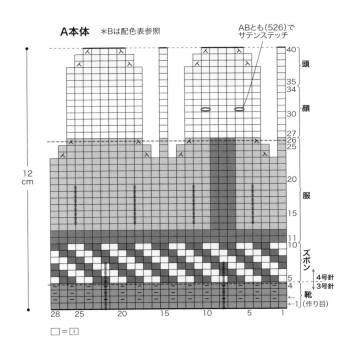

□ = ⊡

●配色表

	段数	A	B
頭	35〜40	クリームイエロー（502）	ブラウン（519）
顔	27〜34	ナチュラルホワイト（501）	ナチュラルホワイト（501）
服	11〜26	グレージュ（522）	グレー（523）
		ダークグレー（526）	グレージュ（522）
ズボン	5〜10	ナチュラルホワイト（501）	グレー（523）
		ロイヤルブルー（527）	
靴	1〜4	ブラウン（519）	セラドン（528）

27

13. ルーカス　14. メル

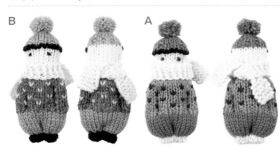

B　A

材料と用具　（A：メル、B：ルーカス）

糸　ハマナカアメリーエフ《合太》
A… ナチュラルホワイト（501）、ダークレッド（509）、ブラウン（519）、
　　キャメル（520）、オートミール（521）、ダークグレー（526）
B… ナチュラルホワイト（501）、ブラウン（519）、グレージュ（522）、
　　グレー（523）、ダークグレー（526）

針　棒針3号、4号

その他　わた3g

作り方のポイント

●本体を編んだら髪をつける。
●ボンボンを作り、とじつける。
●マフラーを編み、首に巻く。

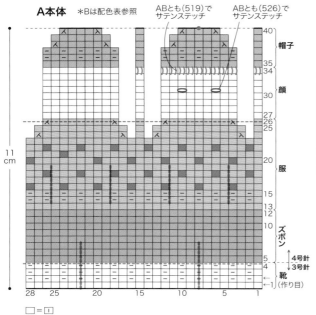

A本体　＊Bは配色表参照

ABとも（519）で
サテンステッチ

ABとも（526）で
サテンステッチ

帽子　40
　　　35　34
顔　　30
　　　27　26　25
服　　20
　　　15　13　12　10
ズボン　5　4号針／3号針
靴　　　4
　　　　←1（作り目）

28　25　20　15　10　5　1

□ = 1

●配色表

	段数	A	B
帽子	35〜40	キャメル（520）	グレージュ（522）
顔	27〜34	ナチュラルホワイト（501）	ナチュラルホワイト（501）
服	13〜26	ダークレッド（509）	ナチュラルホワイト（501）
		オートミール（521）	グレー（523）
ズボン	5〜12	キャメル（520）	グレージュ（522）
靴	1〜4	ナチュラルホワイト（501）	ブラウン（519）

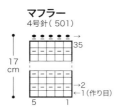

マフラー
4号針（501）

17
cm

→35
→2（作り目）
←1（作り目）
5　1

ボンボン
A（520）B（522）

3cm

厚紙に
糸を30回巻く

カット

厚紙からはずし
中央を共糸で結ぶ
わをカットする

2.3cm

切り揃え
本体●に
とじつける

15. ステラ　16. ナタリー

A　B

材料と用具　（A：ステラ、B：ナタリー）

糸

ハマナカアメリーエフ《合太》
A… ナチュラルホワイト（501）、ブラウン（519）、キャメル（520）、オートミール（521）、ダークグレー（526）
B… ナチュラルホワイト（501）、キャメル（520）、グレージュ（522）、ダークグレー（526）

ハマナカモヘア
B… 白（1）
針　棒針3号、4号
その他　わた3g

作り方のポイント

● 本体を編んだら、髪をつける。
● ボタンを刺繍する。

A（520）B（526）で
フレンチノットステッチ

ABとも（526）で
サテンステッチ

A本体　＊Bは配色表参照

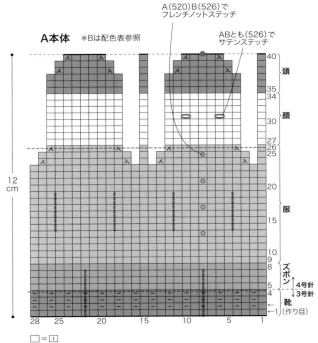

12 cm

頭　顔　服　ズボン　靴

4号針
3号針
（作り目）

28　25　20　15　10　5　1

□ = □

●配色表

	段数	A	B
頭	35〜40	ブラウン（519）	キャメル（520）
顔	27〜34	ナチュラルホワイト（501）	ナチュラルホワイト（501）
服	9〜26	オートミール（521）	グレージュ（522）とモヘア 白（1）の2本どり
ズボン	5〜8	キャメル（520）	ナチュラルホワイト（501）
靴	1〜4	ブラウン（519）	キャメル（520）

髪 A（519）B（520）

3cm
厚紙に
糸を8回巻く

厚紙からはずし
中央を共糸で結ぶ

本体●に
とじつける

29

17. バート　　18. アナ

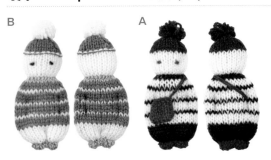

材料と用具　（A：アナ、B：バート）

糸　ハマナカアメリーエフ《合太》
A… ナチュラルホワイト（501）、ダークレッド（509）、ネイビーブルー（514）、ブラウン（519）、ダークグレー（526）
B… ナチュラルホワイト（501）、クリームイエロー（502）、ラベンダーブルー（513）、グレージュ（522）、ダークグレー（526）

針　棒針3号、4号

その他　わた3g

作り方のポイント
● Aは本体を編んだら髪をつける。Bはボンボンを作り、とじつける。
● Aはサコッシュを編み、つける。

●配色表

	段数	A	B
頭	35〜40	ブラウン（519）	ラベンダーブルー（513）
顔	27〜34	ナチュラルホワイト（501）	ナチュラルホワイト（501）
服	25〜26	ネイビーブルー（514）	グレージュ（522）
	11〜24	ネイビーブルー（514）	クリームイエロー（502）
		ナチュラルホワイト（501）	ラベンダーブルー（513）
ズボン	5〜10	ネイビーブルー（514）	ナチュラルホワイト（501）
靴	1〜4	ダークレッド（509）	グレージュ（522）

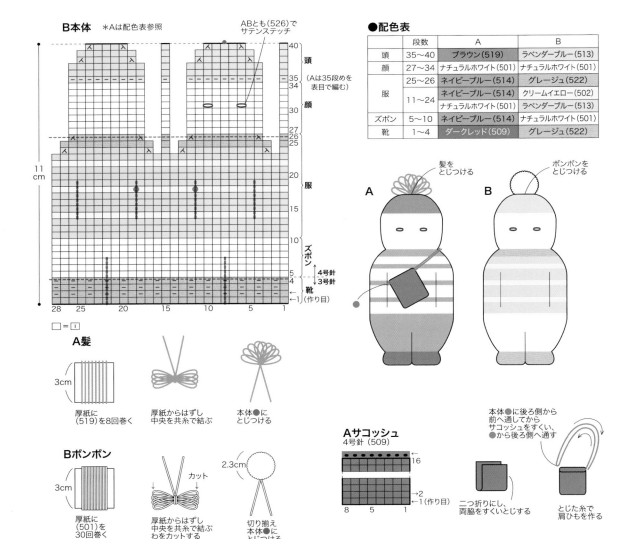

B本体　＊Aは配色表参照

ABとも（526）でサテンステッチ

40 頭
35・34（Aは35段めを表目で編む）
顔
27・26・25
服
20
15
11
10
ズボン
5　4号針・3号針
4
靴
1（作り目）
28　25　20　15　10　5　1

□ = 回

11cm

A髪
3cm
厚紙に（519）を8回巻く
厚紙からはずし中央を共糸で結ぶ
本体●にとじつける

Bボンボン
3cm
厚紙に（501）を30回巻く
厚紙からはずし中央を共糸で結ぶ　カット
2.3cm
切り揃え本体●にとじつける　わをカットする

A　髪をとじつける

B　ボンボンをとじつける

Aサコッシュ
4号針（509）
16
→2
←1（作り目）
8　5　1

二つ折りにし、両脇をすくいとじする

本体●に後ろ側から前へ通してからサコッシュをすくい、●から後ろ側へ通す

とじた糸で肩ひもを作る

19. エミリア　　20. サラ

材料と用具　（A：サラ、B：エミリア）

糸　ハマナカアメリーエフ《合太》

A… ナチュラルホワイト（501）、マリーゴールドイエロー（503）、キャ
　　ロットオレンジ（506）、ダークレッド（509）、フォレストグリーン
　　（518）、ブラウン（519）、ブラック（524）
B… ナチュラルホワイト（501）、ピーチピンク（504）、ダークレッド
　　（509）、ブラウン（519）、グレージュ（522）、ブラック（524）

針　棒針3号、4号

その他　わた3g

作り方のポイント

●本体を編んだら、スカートを編み出す。
●帽子を編み、本体にとじつける。

●配色表

	段数	A	B
顔・頭	27〜40	ナチュラルホワイト（501）	ナチュラルホワイト（501）
服	13〜26	キャロットオレンジ（506）	ダークレッド（509）
		フォレストグリーン（518）	グレージュ（522）
足	5〜12	ナチュラルホワイト（501）	ナチュラルホワイト（501）
靴	1〜4	マリーゴールドイエロー（503）	ブラウン（519）

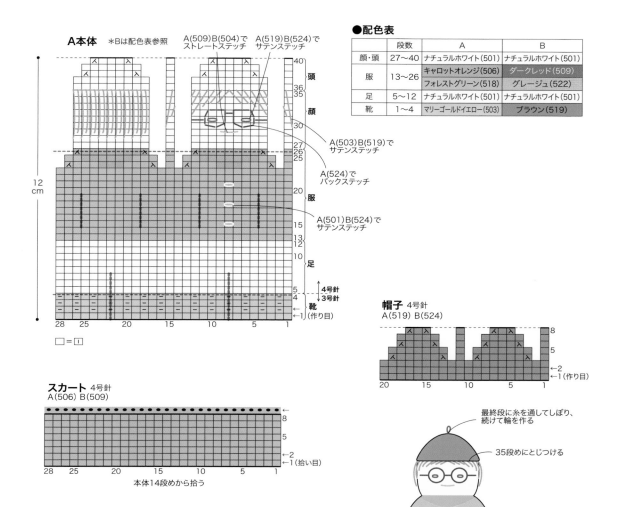

A本体　＊Bは配色表参照

A(509) B(504)で ストレートステッチ
A(519) B(524)で サテンステッチ
A(503) B(519)で サテンステッチ
A(524)で バックステッチ
A(501) B(524)で サテンステッチ

12 cm

頭　40　36　35　顔　30　27　26　25　服　20　15　13　12　10　足　5　4　靴　←1（作り目）

4号針　3号針

28　25　20　15　10　5　1

□ = ｜

スカート　4号針
A(506) B(509)

8　5　2　←1（拾い目）

28　25　20　15　10　5　1

本体14段めから拾う

帽子　4号針
A(519) B(524)

8　5　←2　←1（作り目）

20　15　10　5　1

最終段に糸を通してしぼり、続けて輪を作る

35段めにとじつける

21.ビビアン　　22.ソフィ

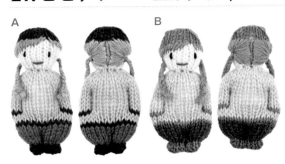

A　　　　　　B

材料と用具　（A：ビビアン、B：ソフィ）

糸　ハマナカアメリー

A…　クリムゾンレッド（5）、ネイビーブルー（17）、ナチュラルホワイト
（20）、グレー（22）、ナチュラルブラウン（23）、ライラック（42）、
パープルヘザー（44）

B…　グレイッシュイエロー（1）、クリムゾンレッド（5）、グラスグリーン
（13）、ネイビーブルー（17）、ナチュラルホワイト（20）、チャコー
ルグレー（30）、イエローオーカー（41）

針　棒針6号、7号

その他　わた8g

作り方のポイント

●本体を編んだら、髪を刺繍し、糸をつけ、三つ編みをする。

A本体　*Bは配色表参照

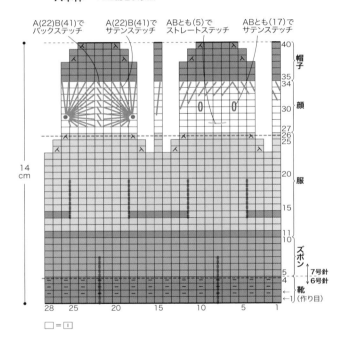

A(22)B(41)で
バックステッチ

A(22)B(41)で
サテンステッチ

ABとも(5)で
ストレートステッチ

ABとも(17)で
サテンステッチ

14
cm

帽子
40
35
34
顔
30
27
26
25
服
20
15
11
10
ズボン
7号針
5
6号針
4
靴
←1（作り目）

28　25　　20　　15　　10　　5　　1

□ = ⊡

●配色表

	段数	A	B
帽子	35～40	パープルヘザー（44）	グラスグリーン（13）
顔	27～34	ナチュラルホワイト（20）	ナチュラルホワイト（20）
服	11～26	パープルヘザー（44）	グラスグリーン（13）
		ライラック（42）	グレイッシュイエロー（1）
ズボン	5～10	ナチュラルブラウン（23）	チャコールグレー（30）
靴	1～4	パープルヘザー（44）	グラスグリーン（13）

髪
A(22) B(41)

糸（15cm×3本）を本体●に
フリンジの要領でつける

4cm

0.5cm

ひと結びする

三つ編みにして端を結ぶ
先を切り揃える

23. アンナ　24. ブルック

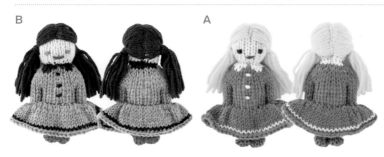

B　A

材料と用具　（A：ブルック、B：アンナ）

糸　ハマナカアメリー

A… クリムゾンレッド（5）、チョコレートブラウン（9）、ベージュ（21）、レモンイエロー（25）、ヴァージニアブルーベル（46）、ナツメグ（49）、ピュアホワイト（51）

B… クリムゾンレッド（5）、チョコレートブラウン（9）、ネイビーブルー（17）、ベージュ（21）、オートミール（40）、ヴァージニアブルーベル（46）、バーミリオン（55）

針　棒針6号、7号

その他　わた8g

作り方のポイント

●本体を編んだらスカートを編み出し、髪をつける。

A本体　＊Bは配色表参照

A(25)B(9)で
サテンステッチ

A(25)B(9)で
バックステッチ

ABとも(5)で
ストレートステッチ

A(9)B(46)で
サテンステッチ

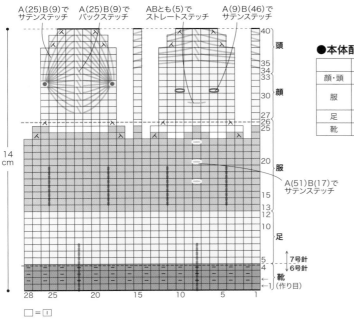

A(51)B(17)で
サテンステッチ

14cm

頭
35
34
33
顔
30
27
26
25
服
20
15
13
12
10
足
5
5　7号針
4　6号針
靴
←1（作り目）

40
28　25　20　15　10　5　1

□ = ｜

●本体配色表

	段数	A	B
顔・頭	27〜40	ベージュ（21）	ベージュ（21）
服	13〜26	ピュアホワイト（51）	ネイビーブルー（17）
		ヴァージニアブルーベル（46）	オートミール（40）
足	5〜12	ベージュ（21）	ベージュ（21）
靴	1〜4	ナツメグ（49）	バーミリオン（55）

スカート　7号針

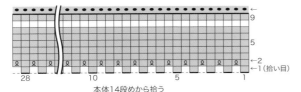

9
5
←2
←1（拾い目）
28　10　5　1

本体14段めから拾う

●スカート配色表

段数	A	B
9・伏せどめ	ヴァージニアブルーベル（46）	オートミール（40）
8	ピュアホワイト（51）	ネイビーブルー（17）
1〜7	ヴァージニアブルーベル（46）	オートミール（40）

おさげ

A(25) B(9)

糸（25cm×8本）を本体●に
フリンジの要領でつける

6cm

先を切り揃える

25. クレア　26. エラ

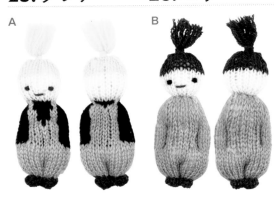

A　B

材料と用具　（A：クレア、B：エラ）

糸　ハマナカアメリーエフ《合太》

A… ナチュラルホワイト（501）、クリームイエロー（502）、クリムゾンレッド（508）、フォレストグリーン（518）、ブラウン（519）、グレージュ（522）、ブラック（524）

B… ナチュラルホワイト（501）、ピンク（505）、クリムゾンレッド（508）、フォレストグリーン（518）、ブラウン（519）、オートミール（521）、ブラック（524）

針　棒針3号、4号

その他　わた5g

作り方のポイント

●本体を編んだら髪をつけ、髪の糸のよりをほどいて先を切り揃える。

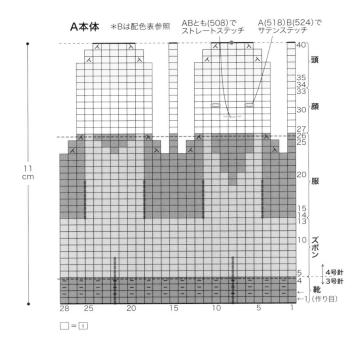

A本体　＊Bは配色表参照

ABとも(508)でストレートステッチ

A(518)B(524)でサテンステッチ

11cm

頭 / 顔 / 服 / ズボン / 靴

40 35 34 33 30 27 26 25 20 15 14 13 10 5 4 1(作り目)

4号針 / 3号針

28　25　20　15　10　5　1

□ = ｜

●配色表

	段数	A	B
頭	34〜40	クリームイエロー（502）	ブラウン（519）
顔	27〜33	ナチュラルホワイト（501）	ナチュラルホワイト（501）
服	14〜26	ブラック　（524）	ピンク（505）
		グレージュ（522）	オートミール（521）
ズボン	5〜13	グレージュ（522）	オートミール（521）
靴	1〜4	ブラウン（519）	フォレストグリーン（518）

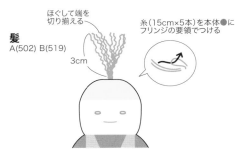

ほぐして端を切り揃える

髪
A(502) B(519)

3cm

糸（15cm×5本）を本体●にフリンジの要領でつける

27. シエラ　　28. ホノ

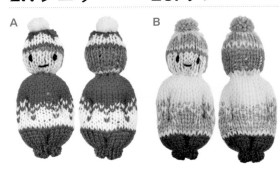

A　　　　　　B

材料と用具　（A：シエラ、B：ホノ）

糸　ハマナカアメリー

A… クリムゾンレッド（5）、インクブルー（16）、ベージュ（21）、ナチュ
ラルブラウン（23）、ピュアホワイト（51）、ピュアブラック（52）

B… チョコレートブラウン（9）、ベージュ（21）、グレー（22）、レモンイ
エロー（25）、ナツメグ（49）、ピュアブラック（52）

針　棒針6号、7号

その他　わた8g

作り方のポイント

●本体を編んだらボンボンを作り、本体にとじつける。

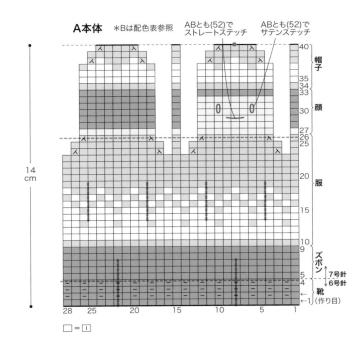

A本体　＊Bは配色表参照

ABとも(52)でストレートステッチ　　ABとも(52)でサテンステッチ

帽子　顔　服　ズボン　靴

14cm

7号針　6号針

□ = □

●配色表

	段数	A	B
帽子	34〜40	ピュアホワイト（51）	グレー（22）
		クリムゾンレッド（5）	レモンイエロー（25）
顔	27〜33	ナチュラルブラウン（23）	ナツメグ（49）
		ベージュ（21）	ベージュ（21）
服	10〜26	ピュアホワイト（51）	グレー（22）
		クリムゾンレッド（5）	レモンイエロー（25）
靴・ズボン	1〜9	インクブルー（16）	チョコレートブラウン（9）

ボンボン
A(51) B(22)

3cm
厚紙に糸を16回巻く

カット
厚紙からはずし中央を共糸で結ぶわをカットする

2.5cm
切り揃え本体●にとじつける

29.イーサン　30.マイケル

Photo ▶ P.5

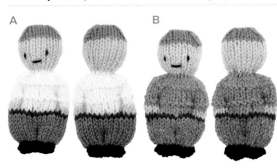

A　B

材料と用具　（A：イーサン、B：マイケル）

糸　**ハマナカアメリーエフ《合太》**

A… ナチュラルホワイト（501）、ピーチピンク（504）、ラベンダーブルー（513）、ブラウン（519）、キャメル（520）、ブラック（524）

B… ピーチピンク（504）、ミントグリーン（517）、ブラウン（519）、キャメル（520）、グレー（523）、ブラック（524）

針　棒針3号、4号

その他　わた3g

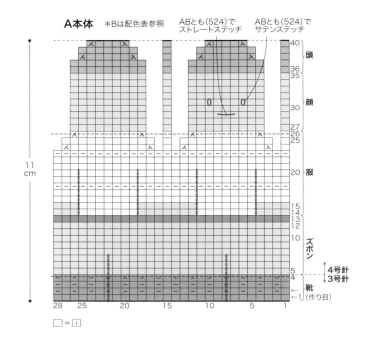

A本体　＊Bは配色表参照

ABとも（524）で
ストレートステッチ

ABとも（524）で
サテンステッチ

頭／顔／服／ズボン／靴

4号針
3号針

11cm

□ = ①

●配色表

	段数	A	B
頭	36～40	キャメル（520）	キャメル（520）
顔	27～35	ピーチピンク（504）	ピーチピンク（504）
服	14～26	ナチュラルホワイト（501）	ミントグリーン（517）
		ピーチピンク（504）	ピーチピンク（504）
ズボン	5～13	ブラウン　（519）	ブラウン　（519）
		ラベンダーブルー（513）	グレー（523）
靴	1～4	ブラック　（524）	ブラック　（524）

31. グレース　32. ハンナ

A　B

材料と用具　（A：グレース、B：ハンナ）

糸　ハマナカアメリーエフ《合太》
A… クリームイエロー（502）、ピーチピンク（504）、キャメル
　　（520）、ブラック（524）、ダークグレー（526）
B… ピーチピンク（504）、キャロットオレンジ（506）、パープ
　　ルヘイズ（511）、キャメル（520）、ブラック（524）
針　棒針3号、4号
その他　わた3g

作り方のポイント

●本体を編んだら、スカートを編み出し、髪をつける。

A本体　＊Bは配色表参照

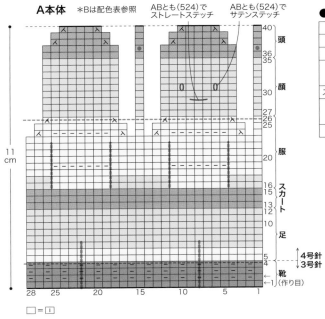

ABとも（524）で
ストレートステッチ

ABとも（524）で
サテンステッチ

頭　40 36 35
顔　30 27 26 25
服　20 16 15 13 12 10
スカート
足　5 4
靴　←1（作り目）

11cm

28　25　20　15　10　5　1

□＝□

●配色表

	段数	A	B
頭	36〜40	キャメル（520）	キャメル（520）
顔	27〜35	ピーチピンク（504）	ピーチピンク（504）
服	16〜26	クリームイエロー（502）	キャロットオレンジ（506）
		ピーチピンク（504）	ピーチピンク（504）
スカート	13〜15	ダークグレー（526）	パープルヘイズ（511）
足	5〜12	ピーチピンク（504）	ピーチピンク（504）
		クリームイエロー（502）	キャロットオレンジ（506）
靴	1〜4	ブラック（524）	ブラック（524）

4号針
3号針

髪　ABとも（520）

①糸（20cm×6本）を
二つ折りにし、中央を共糸で結ぶ

②糸を4本ずつにわけ、三つ編みにする

5cm　1.5cm

④本体●にとじつける　③端に共糸を3回巻いて結ぶ

※同じものを2本作る

スカート　4号針
A（526）B（511）

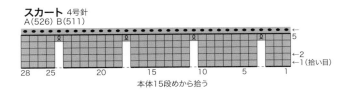

5
←2
←1（拾い目）

28　25　20　15　10　5　1

本体15段めから拾う

33. ジュリア 34. ケイト

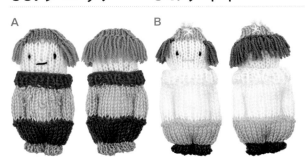

A B

材料と用具 （A：ジュリア、B：ケイト）

糸

ハマカ純毛中細

A… 生成り（1）、ベージュ（3）、薄茶色（4）、ダークレッド（10）、
　　ハンターグリーン（24）、黒（30）、ピンクベージュ（31）

B… 生成り（1）、黒（30）、ピンクベージュ（31）、ライトオパール（34）、茶色（46）、オリーブ（40）

ハマカモヘア　B… 生成り（61）

ハマカソノモノループ　B… 生成り（51）

針　棒針3号、4号

その他　わた4g

作り方のポイント

●本体を編んだら、Aはスヌード、Bはタートルネックを編み出す。
●Aは服に、Bは帽子に刺繍をする。
●髪をつける。

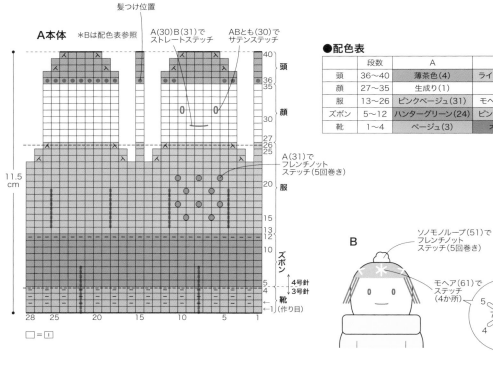

A本体　＊Bは配色表参照

髪つけ位置

A(30)B(31)で
ストレートステッチ

ABとも(30)で
サテンステッチ

頭 40
36 35
顔
30
27 26 25

A(31)で
フレンチノット
ステッチ（5回巻き）

服
20
15
13
11
10

ズボン
5
4号針
4
3号針

靴
←1（作り目）

28　25　20　15　10　5　1

□ = [I]

11.5 cm

●配色表

	段数	A	B
頭	36～40	薄茶色（4）	ライトオパール（34）
顔	27～35	生成り（1）	生成り（1）
服	13～26	ピンクベージュ（31）	モヘア 生成り（61）
ズボン	5～12	ハンターグリーン（24）	ピンクベージュ（31）
靴	1～4	ベージュ（3）	オリーブ（40）

B

ソノモノループ(51)で
フレンチノット
ステッチ（5回巻き）

モヘア(61)で
ステッチ
（4か所）

Aスヌード・Bタートルネック　4号針

A(10) Bモヘア(61)

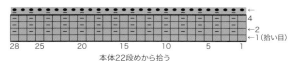

←4
←2
←1（拾い目）

28　25　20　15　10　5　1

本体22段めから拾う

髪
A(4)
B(46)

糸（6cm）を本体●に2本ずつ
フリンジの要領でつける

35. ヘンリー　　36. ケイティ

35. ヘンリー　　36. ケイティ

A　B

材料と用具　（A：ヘンリー、B：ケイティ）

糸　ハマナカ純毛中細
A… 生成り（1）、群青（19）、ライトグレー（27）、黒（30）、からし（43）、茶色（46）
B… 生成り（1）、ベージュ（3）、薄茶色（4）、ダークレッド（10）、ライトグレー（27）、黒（30）、ピンクベージュ（31）、ライトオパール（34）、オリーブ（40）
針　棒針3号、4号
その他　わた4g

作り方のポイント

●Bは本体を編んだら、スカートを編み出し、髪をつける。

B髪つけ位置

A(30)B(31)で
ストレートステッチ

ABとも(30)で
サテンステッチ

A本体　＊Bは配色表参照

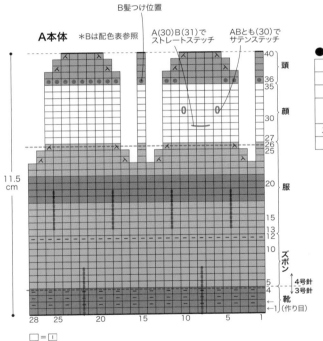

11.5 cm

頭
顔
服
ズボン
靴

40 / 36 / 35 / 30 / 27 / 26 / 25 / 20 / 15 / 13 / 12 / 10 / 5 / 4 / 1 (作り目)

4号針
3号針

28 / 25 / 20 / 15 / 10 / 5 / 1

□=□

●配色表

	段数	A	B
頭	36〜40	茶色（46）	薄茶色（4）
顔	27〜35	生成り（1）	生成り（1）
服	13〜26	群青（19）	オリーブ（40）
		ライトグレー（27）	ベージュ（3）
ズボン	5〜12	からし（43）	ライトオパール（34）
靴	1〜4	黒（30）	ライトグレー（27）

B髪
(4)

糸（10cm）を本体●に2 本ずつ
フリンジの要領でつける

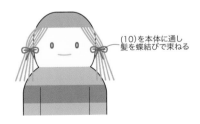

(10)を本体に通し
髪を蝶結びで束ねる

Bスカート　4号針
(34)

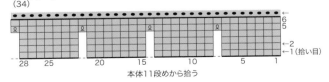

6 / 5 / 2 / 1 (拾い目)

28 / 25 / 20 / 15 / 10 / 5 / 1

本体11段めから拾う

37.ローレン　38.マリア

材料と用具　（A：ローレン、B：マリア）

糸　ハマナカアメリーエフ《合太》

A…　ナチュラルホワイト（501）、ピーチピンク（504）、クリムゾンレッド（508）、パロットグリーン（516）、ブラウン（519）、キャメル（520）

B…　ナチュラルホワイト（501）、マリーゴールドイエロー（503）、ピーチピンク（504）、バーミリオンオレンジ（507）、クリムゾンレッド（508）、パロットグリーン（516）、ブラウン（519）、グレー（523）

針　棒針3号、4号

その他　わた3g

作り方のポイント

●本体の服の模様は横糸渡しの編み込みで編む（→P.79）。

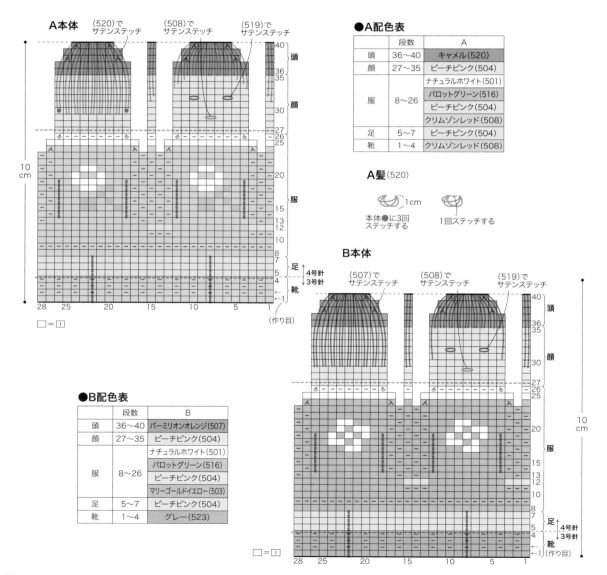

●A配色表

	段数	A
頭	36〜40	キャメル（520）
顔	27〜35	ピーチピンク（504）
服	8〜26	ナチュラルホワイト（501）
		パロットグリーン（516）
		ピーチピンク（504）
		クリムゾンレッド（508）
足	5〜7	ピーチピンク（504）
靴	1〜4	クリムゾンレッド（508）

A髪（520）

本体●に3回ステッチする　　1回ステッチする

●B配色表

	段数	B
頭	36〜40	バーミリオンオレンジ（507）
顔	27〜35	ピーチピンク（504）
服	8〜26	ナチュラルホワイト（501）
		パロットグリーン（516）
		ピーチピンク（504）
		マリーゴールドイエロー（503）
足	5〜7	ピーチピンク（504）
靴	1〜4	グレー（523）

39. マシュー　40. レオ

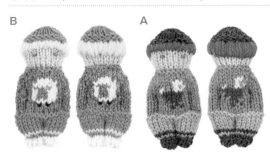

材料と用具　（A：レオ、B：マシュー）

糸　ハマナカアメリーエフ《合太》

A… ナチュラルホワイト（501）、ピーチピンク（504）、バーミリオンオレンジ（507）、ミントグリーン（517）、グレージュ（522）、ダークグレー（526）、ロイヤルブルー（527）、セラドン（528）

B… ナチュラルホワイト（501）、クリームイエロー（502）、ピーチピンク（504）、パロットグリーン（516）、ブラウン（519）、キャメル（520）、グレー（523）、セラドン（528）

針　棒針3号、4号

その他　わた3g

作り方のポイント

●本体の服の模様は横糸渡しの編み込みで編む（→P.79）。

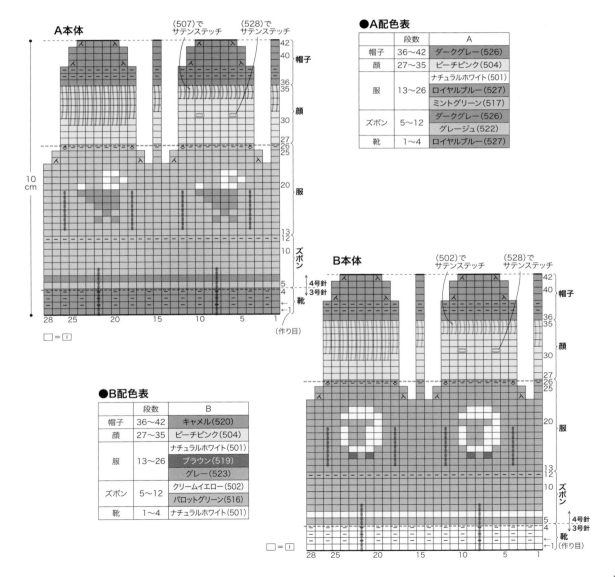

●A配色表

	段数	A
帽子	36～42	ダークグレー（526）
顔	27～35	ピーチピンク（504）
服	13～26	ナチュラルホワイト（501）
		ロイヤルブルー（527）
		ミントグリーン（517）
ズボン	5～12	ダークグレー（526）
		グレージュ（522）
靴	1～4	ロイヤルブルー（527）

●B配色表

	段数	B
帽子	36～42	キャメル（520）
顔	27～35	ピーチピンク（504）
服	13～26	ナチュラルホワイト（501）
		ブラウン（519）
		グレー（523）
ズボン	5～12	クリームイエロー（502）
		パロットグリーン（516）
靴	1～4	ナチュラルホワイト（501）

41. アデル　42. カミーユ

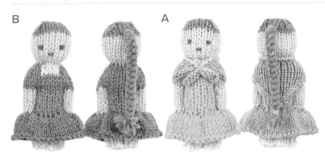

B　A

材料と用具　（A：カミーユ、B：アデル）

糸　ハマナカアメリーエフ《合太》
A… ナチュラルホワイト（501）、マリーゴールドイエロー（503）、ピーチピンク（504）、クリムゾンレッド（508）、ピーコックグリーン（515）、キャメル（520）、グレージュ（522）
B… ナチュラルホワイト（501）、ピーチピンク（504）、バーミリオンオレンジ（507）、ピーコックグリーン（515）、ミントグリーン（517）、キャメル（520）
針　棒針3号、4号
その他　わた3g

作り方のポイント

★本体を編んだらスカートを編み出し、髪をつける。
★Aはショールを編み、本体に巻く。

A本体　＊Bは配色表参照
A(508)B(507)でストレートステッチ
ABとも(515)でサテンステッチ
10.5cm
頭／顔／服／足／靴
4号針　3号針
←1（作り目）

●配色表

	段数	A	B
頭	36～40	キャメル（520）	キャメル（520）
顔	27～35	ピーチピンク（504）	ピーチピンク（504）
服	10～26	ピーチピンク（504）	ピーチピンク（504）
		マリーゴールドイエロー（503）	ミントグリーン（517）
足	3～9	ピーチピンク（504）	ピーチピンク（504）
靴	1～2	ナチュラルホワイト（501）	ナチュラルホワイト（501）

Aショール　3号針
(522)

スカート　4号針
A(503) B(517)
ゆったり伏せ止めする
←1（拾い目）
本体12段めから拾う

髪
(520)
糸(30cm)を本体●に3本ずつフリンジの要領でつける
根元をA(503)B(517)30cmで結ぶ　糸端は束に一緒にする
7cm／1cm
A(503)B(517)を使って結ぶ
三つ編みにして端を結ぶ　先を切り揃える

ショールを本体に巻き共糸で結ぶ

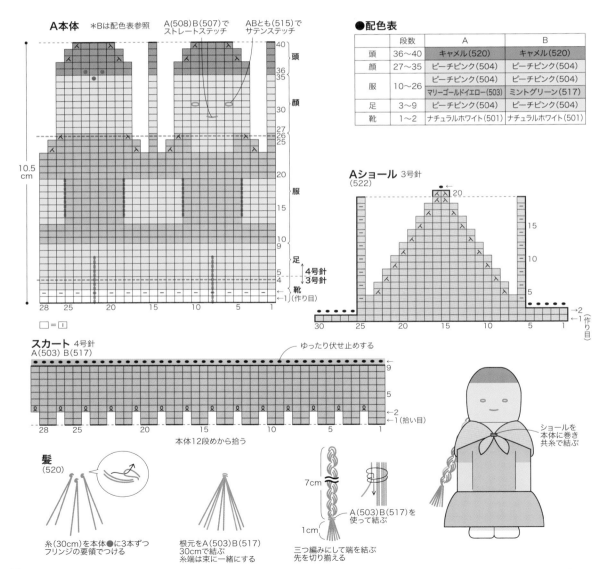

43. ダフネ　　48. クロエ

材料と用具　（A：クロエ、B：ダフネ）

糸　ハマナカアメリーエフ《合太》
A… ナチュラルホワイト（501）、ピーチピンク（504）、クリムゾンレッド（508）、ピーコックグリーン（515）、キャメル（520）、ブラック（524）、ロイヤルブルー（527）
B… ナチュラルホワイト（501）、ピーチピンク（504）、クリムゾンレッド（508）、ピーコックグリーン（515）、キャメル（520）、オートミール（521）

針　棒針3号、4号

その他　わた3g

作り方のポイント
● 本体を編んだら髪をつける。
● Aはマフラーを編み、本体に巻く。

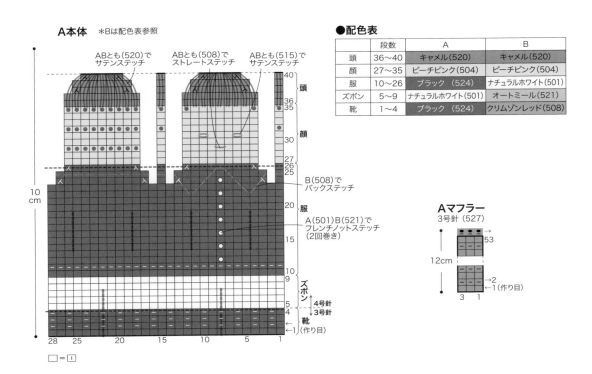

A本体　＊Bは配色表参照

ABとも（520）で サテンステッチ
ABとも（508）で ストレートステッチ
ABとも（515）で サテンステッチ

B（508）で バックステッチ

A（501）B（521）で フレンチノットステッチ （2回巻き）

10cm

頭 40 36 35
顔 30 27 26 25
服 20 15 10 9
ズボン 5 4
靴 1

4号針
3号針

←1（作り目）

28　25　20　15　10　5　1

□ = 1

●配色表

	段数	A	B
頭	36〜40	キャメル（520）	キャメル（520）
顔	27〜35	ピーチピンク（504）	ピーチピンク（504）
服	10〜26	ブラック（524）	ナチュラルホワイト（501）
ズボン	5〜9	ナチュラルホワイト（501）	オートミール（521）
靴	1〜4	ブラック（524）	クリムゾンレッド（508）

Aマフラー
3号針（527）

12cm

53
←2
←1（作り目）

3　1

髪のステッチ
ABとも（520）2本どり

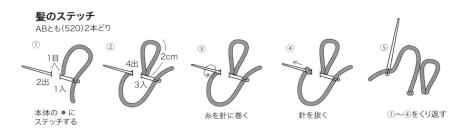

① 1目へ 2出 1入
本体の ● に ステッチする

② 4出 2cm 3入

③ 糸を針に巻く

④ 針を抜く

⑤ ①〜④をくり返す

44. ルーシー　　47. ローズ

A　　　　　　　　　　B

材料と用具　（A：ルーシー、B：ローズ）

糸　ハマナカアメリーエフ《合太》

A… ナチュラルホワイト（501）、ピーチピンク（504）、
バーミリオンオレンジ（507）、ピーコックグリーン
（515）、パロットグリーン（516）、ブラウン（519）、
キャメル（520）、オートミール（521）

B… ナチュラルホワイト（501）、ピーチピンク（504）、
ピンク（505）、クリムゾンレッド（508）、ダーク
レッド（509）、ピーコックグリーン（515）、キャメ
ル（520）

針　棒針3号、4号

その他　わた3g

作り方のポイント

●本体を編んだら髪をつける。
●Aはマフラーを編み、本体に巻く。

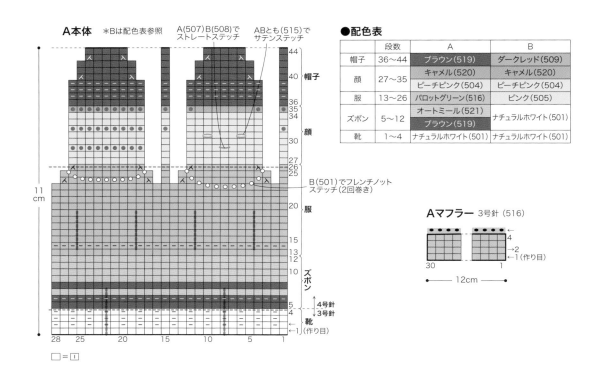

A本体 ＊Bは配色表参照

A(507)B(508)で
ストレートステッチ

ABとも(515)で
サテンステッチ

B(501)でフレンチノット
ステッチ(2回巻き)

帽子　36～44
顔
服
ズボン
靴
11cm

4号針
3号針

(作り目)

□ = □

●配色表

	段数	A	B
帽子	36～44	ブラウン（519）	ダークレッド（509）
顔	27～35	キャメル（520）	キャメル（520）
		ピーチピンク（504）	ピーチピンク（504）
服	13～26	パロットグリーン（516）	ピンク（505）
ズボン	5～12	オートミール（521）	ナチュラルホワイト（501）
		ブラウン（519）	
靴	1～4	ナチュラルホワイト（501）	ナチュラルホワイト（501）

Aマフラー　3号針 (516)

4
2
1(作り目)
30　　　　　　1
12cm

髪のステッチ

ABとも(520)2本どり

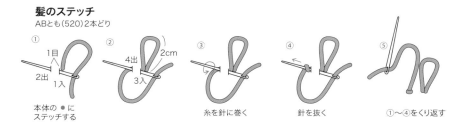

① 1目　2出　1入　本体の●に
ステッチする

② 4出　3入　2cm

③ 糸を針に巻く

④ 針を抜く

⑤ ①～④をくり返す

45. ペリーヌ　46. フラウ

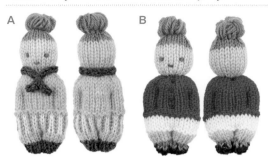

A　B

材料と用具　（A：ペリーヌ、B：フラウ）

糸　ハマナカアメリーエフ《合太》

A…　ナチュラルホワイト（501）、ピーチピンク（504）、バーミリオンオレンジ（507）、ライトブルー（512）、ピーコックグリーン（515）、キャメル（520）、グレージュ（522）、ダークグレー（526）、ロイヤルブルー（527）

B…　ナチュラルホワイト（501）、ピーチピンク（504）、クリムゾンレッド（508）、ダークレッド（509）、ピーコックグリーン（515）、ブラウン（519）、キャメル（520）

針　棒針3号、4号

その他　わた3g

作り方のポイント

- 本体を編んだら髪をつける。
- Aはボウタイを編み、本体に巻く。

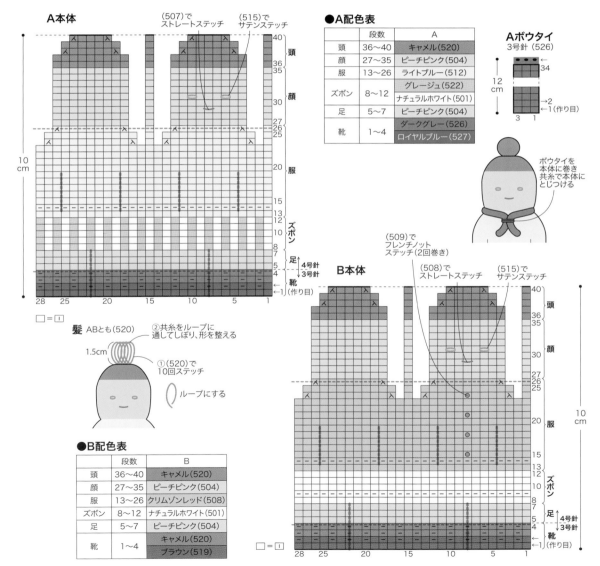

●A配色表

	段数	A
頭	36〜40	キャメル（520）
顔	27〜35	ピーチピンク（504）
服	13〜26	ライトブルー（512）
ズボン	8〜12	グレージュ（522）
		ナチュラルホワイト（501）
足	5〜7	ピーチピンク（504）
靴	1〜4	ダークグレー（526）
		ロイヤルブルー（527）

●B配色表

	段数	B
頭	36〜40	キャメル（520）
顔	27〜35	ピーチピンク（504）
服	13〜26	クリムゾンレッド（508）
ズボン	8〜12	ナチュラルホワイト（501）
足	5〜7	ピーチピンク（504）
靴	1〜4	キャメル（520）
		ブラウン（519）

A本体

(507)でストレートステッチ
(515)でサテンステッチ

Aボウタイ　3号針（526）
12cm

髪　ABとも（520）
1.5cm
①（520）で10回ステッチ
②共糸をループに通してしぼり、形を整える
ループにする

ボウタイを本体に巻き共糸で本体にとじつける

B本体

(509)でフレンチノットステッチ（2回巻き）
(508)でストレートステッチ
(515)でサテンステッチ

□ = ☐

49.デイジー　50.ロビン

A　B

材料と用具　（A：デイジー、B：ロビン）

糸　ハマナカアメリーエフ《合太》

A… ナチュラルホワイト（501）、クリームイエロー（502）、ピーチ
ピンク（504）、バーミリオンオレンジ（507）、ライトブルー
（512）、ネイビーブルー（514）、ブラウン（519）、ブラック（524）

B… ナチュラルホワイト（501）、クリームイエロー（502）、ピーチ
ピンク（504）、キャロットオレンジ（506）、ネイビーブルー
（514）、ピーコックグリーン（515）、ブラック（524）

針　棒針3号、4号

その他　わた3g

作り方のポイント

●本体を編んだら、帽子のふちを編み出し、髪をつける。
●スカーフを編み、首に巻く。

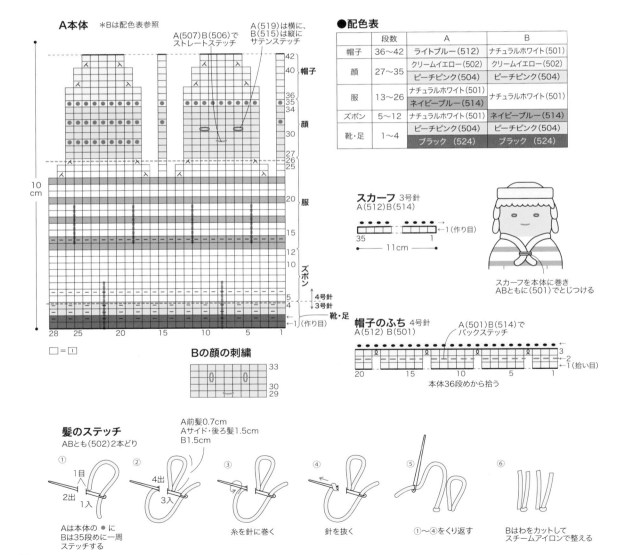

A本体　＊Bは配色表参照

A(507)B(506)で
ストレートステッチ

A(519)は横に、
B(515)は縦に
サテンステッチ

10cm

帽子　42 40 36 35 34
顔　27 30
服　20 15 12 10
ズボン　5 4
靴・足　←1（作り目）

4号針　3号針

28 25 20 15 10 5 1

Bの顔の刺繍

33 30 29

●配色表

	段数	A	B
帽子	36～42	ライトブルー（512）	ナチュラルホワイト（501）
顔	27～35	クリームイエロー（502）	クリームイエロー（502）
		ピーチピンク（504）	ピーチピンク（504）
服	13～26	ナチュラルホワイト（501）	ナチュラルホワイト（501）
		ネイビーブルー（514）	
ズボン	5～12	ナチュラルホワイト（501）	ネイビーブルー（514）
靴・足	1～4	ピーチピンク（504）	ピーチピンク（504）
		ブラック（524）	ブラック（524）

スカーフ　3号針
A(512)B(514)

35 ←1（作り目）
←11cm→

スカーフを本体に巻き
ABともに（501）でとじつける

帽子のふち　4号針
A(512) B(501)

A(501)B(514)で
バックステッチ

20 15 10 5 1
←3 ←2 ←1（拾い目）

本体36段めから拾う

髪のステッチ
ABとも（502）2本どり

A前髪0.7cm
Aサイド・後ろ髪1.5cm
B1.5cm

① 1目　2出　1入
Aは本体の ● に
Bは35段めに一周
ステッチする

② 4出　3入

③ 糸を針に巻く

④ 針を抜く

⑤ ①～④をくり返す

⑥ Bはわをカットして
スチームアイロンで整える

51. マチルダ　　52. ソフィア

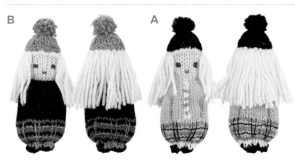

B　A

材料と用具　（A：ソフィア、B：マチルダ）

糸　ハマナカアメリーエフ《合太》

A… ナチュラルホワイト（501）、クリームイエロー（502）、マリーゴールドイエロー（503）、ピーチピンク（504）、バーミリオンオレンジ（507）、フォレストグリーン（518）、グレージュ（522）、グレー（523）、ブラック（524）

B… クリームイエロー（502）、ピーチピンク（504）、クリムゾンレッド（508）、フォレストグリーン（518）、グレー（523）、ブラック（524）、ロイヤルブルー（527）

針　棒針3号、4号

その他　わた3g

作り方のポイント

● 本体を編んだら髪をつける。
● ボンボンを作り、とじつける。

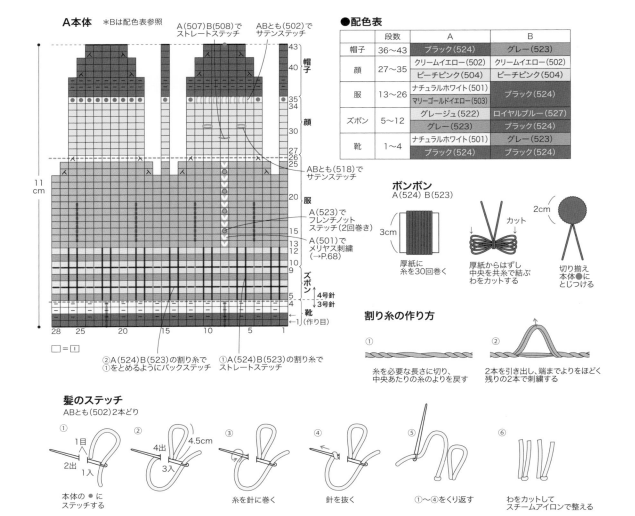

●配色表

	段数	A		B	
帽子	36〜43	ブラック（524）		グレー（523）	
顔	27〜35	クリームイエロー（502）		クリームイエロー（502）	
		ピーチピンク（504）		ピーチピンク（504）	
服	13〜26	ナチュラルホワイト（501）		ブラック（524）	
		マリーゴールドイエロー（503）			
ズボン	5〜12	グレージュ（522）		ロイヤルブルー（527）	
		グレー（523）		ブラック（524）	
靴	1〜4	ナチュラルホワイト（501）		グレー（523）	
		ブラック（524）		ブラック（524）	

A本体 ＊Bは配色表参照

A（507）B（508）でストレートステッチ
ABとも（502）でサテンステッチ
ABとも（518）でサテンステッチ
A（523）でフレンチノットステッチ（2回巻き）
A（501）でメリヤス刺繍（→P.68）

11cm

帽子 / 顔 / 服 / ズボン / 靴

43 40 35 34 30 27 26 25 20 15 13 12 10 9 5 4 1（作り目）

4号針 3号針

28 25 20 15 10 5 1

□＝Ⅰ

②A（524）B（523）の割り糸で①をとめるようにバックステッチ
①A（524）B（523）の割り糸でストレートステッチ

ボンボン
A（524）B（523）

3cm

厚紙に糸を30回巻く

カット

厚紙からはずし中央を共糸で結ぶわをカットする

2cm

切り揃え本体●にとじつける

割り糸の作り方

① 糸を必要な長さに切り、中央あたりの糸のよりを戻す

② 2本を引き出し、端までよりをほどく残りの2本で刺繍する

髪のステッチ
ABとも（502）2本どり

① 1目 2出 1入
本体の●にステッチする

② 4出 3入
糸を針に巻く

③ 4.5cm
針を抜く

④
①〜④をくり返す

⑤

⑥
わをカットしてスチームアイロンで整える

53. カ ミ ラ　　54. メ リ ッ サ

A　　　　　　B

材料と用具　（A：カミラ、B：メリッサ）

糸　ハマナカアメリーエフ《合太》
A… ナチュラルホワイト（501）、クリームイエロー（502）、ピーチピンク（504）、クリムゾンレッド（508）、フォレストグリーン（518）、グレー（523）、ブラック（524）
B… ナチュラルホワイト（501）、クリームイエロー（502）、ピーチピンク（504）、クリムゾンレッド（508）、フォレストグリーン（518）、ブラック（524）
針　棒針3号、4号
その他　わた3g

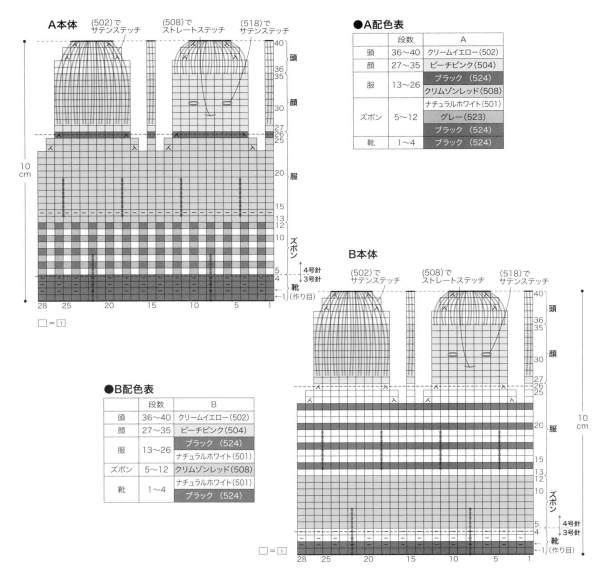

●A配色表

	段数	A
頭	36〜40	クリームイエロー（502）
顔	27〜35	ピーチピンク（504）
服	13〜26	ブラック　（524）
		クリムゾンレッド（508）
ズボン	5〜12	ナチュラルホワイト（501）
		グレー（523）
		ブラック　（524）
靴	1〜4	ブラック　（524）

●B配色表

	段数	B
頭	36〜40	クリームイエロー（502）
顔	27〜35	ピーチピンク（504）
服	13〜26	ブラック　（524）
		ナチュラルホワイト（501）
ズボン	5〜12	クリムゾンレッド（508）
靴	1〜4	ナチュラルホワイト（501）
		ブラック　（524）

55. メアリー　　56. ローラ

B　　　　　　A

材料と用具　（A：ローラ、B：メアリー）

糸　**ハマナカ純毛中細**

A… グレージュ（2）、ダークレッド（10）、セルリアンブルー（17）、ハンターグリーン（24）、黒（30）、ピンク（36）、ピーコックブルー（39）、からし（43）、茶色（46）

B… 生成り（1）、グレージュ（2）、薄茶色（4）、ダークレッド（10）、セルリアンブルー（17）、黄緑（22）、ハンターグリーン（24）、黒（30）、ピンクベージュ（31）、ピンク（36）、ピーコックブルー（39）、からし（43）、茶色（46）

針　棒針2号、3号

その他　わた3g

作り方のポイント

- 本体を編んだらスカートを編み出し、髪をつける。
- 胸とスカートに刺繍をする。

●配色表

	段数	A	B
頭	36〜40	茶色（46）	薄茶色（4）
顔	27〜35	グレージュ（2）	グレージュ（2）
服	17〜26	ダークレッド（10）	ハンターグリーン（24）
ベルト	15〜16	黒（30）	ダークレッド（10）
足	5〜14	ダークレッド（10）	生成り（1）
靴	1〜4	黒（30）	黒（30）

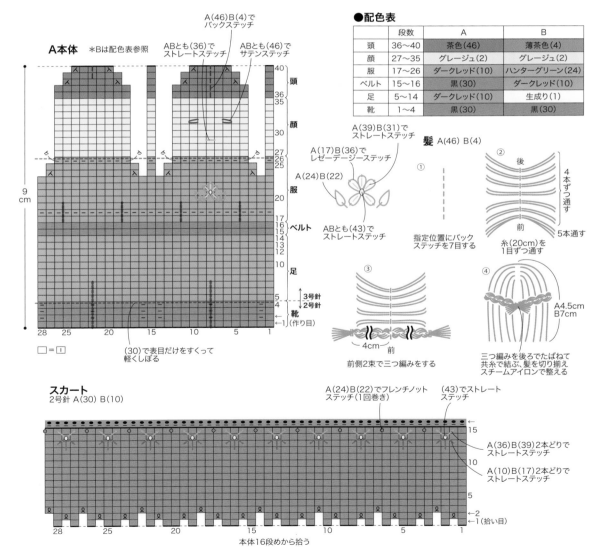

A本体　＊Bは配色表参照

A(46)B(4)で
バックステッチ

ABとも(36)で
ストレートステッチ

ABとも(46)で
サテンステッチ

9cm

頭
顔
服
ベルト
足
靴

□ = ⊡

(30)で表目だけをすくって
軽くしぼる

A(39)B(31)で
ストレートステッチ

A(17)B(36)で
レーゼーデージーステッチ

A(24)B(22)

ABとも(43)で
ストレートステッチ

髪 A(46) B(4)

①
指定位置にバック
ステッチを7目する

②
後
前
4本ずつ通す
5本通す

③
4cm　前
前側2束で三つ編みをする

糸(20cm)を
1目ずつ通す

④
A4.5cm
B7cm
三つ編みを後ろでたばねて
共糸で結ぶ、髪を切り揃え
スチームアイロンで整える

スカート
2号針 A(30) B(10)

A(24)B(22)でフレンチノット
ステッチ(1回巻き)

(43)でストレート
ステッチ

A(36)B(39)2本どりで
ストレートステッチ

A(10)B(17)2本どりで
ストレートステッチ

←15
←10
←5
←2
←1(拾い目)

本体16段めから拾う

57. ジョセフ　　58. ニコール

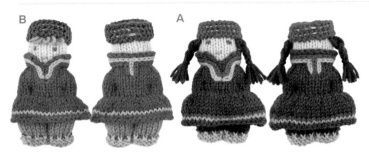

B　A

材料と用具 （A：ニコール、B：ジョセフ）

糸

ハマナカアメリーエフ《合太》

A… マリーゴールドイエロー（503）、ピーチピンク
（504）、クリムゾンレッド（508）、フォレストグリー
ン（518）、ブラウン（519）、オートミール（521）

B… マリーゴールドイエロー（503）、ピーチピンク
（504）、クリムゾンレッド（508）、キャメル（520）、
オートミール（521）、ロイヤルブルー（527）

ハマナカ純毛中細

AB共通 …ピンク（36）、茶色（46）

針 棒針3号、4号

その他 25番刺繍糸（銀）、わた3g

作り方のポイント

●本体を編んだらスカート、衿を編み出し、髪をつける。
●頭飾りを編み、とじつけ、刺繍をする。

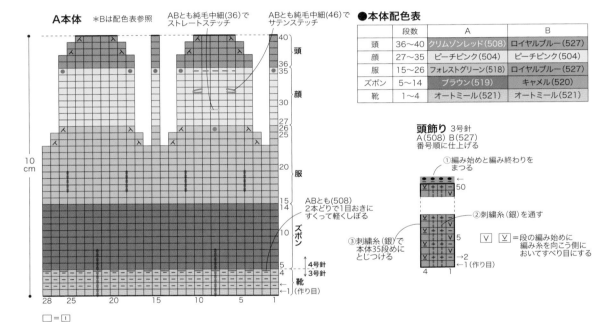

A本体 ＊Bは配色表参照

ABとも純毛中細（36）で
ストレートステッチ

ABとも純毛中細（46）で
サテンステッチ

頭
顔
服
ズボン
靴

ABとも（508）
2本どりで1目おきに
すくって軽くしぼる

4号針
3号針

□＝回

●本体配色表

	段数	A	B
頭	36〜40	クリムゾンレッド（508）	ロイヤルブルー（527）
顔	27〜35	ピーチピンク（504）	ピーチピンク（504）
服	15〜26	フォレストグリーン（518）	ロイヤルブルー（527）
ズボン	5〜14	ブラウン（519）	キャメル（520）
靴	1〜4	オートミール（521）	オートミール（521）

頭飾り 3号針
A（508）B（527）
番号順に仕上げる

①編み始めと編み終わりを
まつる

②刺繍糸（銀）を通す

③刺繍糸（銀）で
本体35段めに
とじつける

V　V ＝段の編み始めに
編み糸を向こう側に
おいてすべり目にする

Aスカート 4号針

本体16段めから拾う

●Aスカート配色表

マリーゴールドイエロー（503）
クリムゾンレッド（508）
フォレストグリーン（518）

Bスカート 4号針

本体16段めから拾う

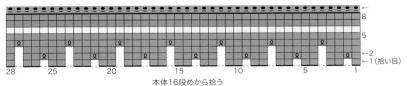

●Bスカート配色表

クリムゾンレッド（508）
マリーゴールドイエロー（503）
ロイヤルブルー（527）

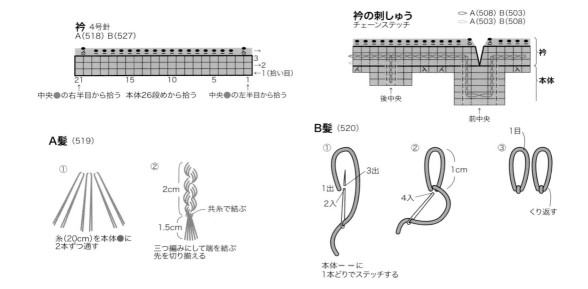

衿 4号針
A(518) B(527)

3
←2
←1(拾い目)

21　　　15　　　10　　　5　　　1

中央●の右半目から拾う　本体26段めから拾う　中央●の左半目から拾う

衿の刺しゅう
チェーンステッチ

⌒ A(508) B(503)
⌒ A(503) B(508)

衿

本体

後中央

前中央

A髪 (519)

①

②

2cm

共糸で結ぶ

1.5cm

糸(20cm)を本体●に
2本ずつ通す

三つ編みにして端を結ぶ
先を切り揃える

B髪 (520)

①

3出

1出

2入

②

1cm

4入

③

1目

くり返す

本体ーーに
1本どりでステッチする

▶▶▶ P.55から続く

65. サマンサ　66. レジーナ

★材料と用具、本体とスカートの図はP.55参照。

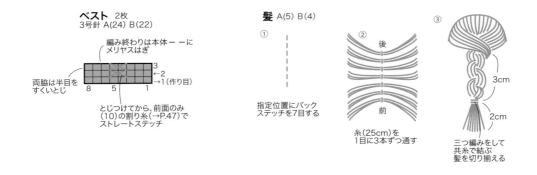

ベスト 2枚
3号針 A(24) B(22)

編み終わりは本体ーーに
メリヤスはぎ

3
←2
←1(作り目)

両脇は半目を
すくいとじ

8　　5　　1

とじつけてから、前面のみ
(10)の割り糸(→P.47)で
ストレートステッチ

髪 A(5) B(4)

①

指定位置にバック
ステッチを7目する

②

後

前

糸(25cm)を
1目に3本ずつ通す

③

3cm

2cm

三つ編みをして
共糸で結ぶ
髪を切り揃える

【すくいとじ】

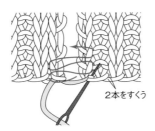

交互に1目内側の
渡り糸をすくう

2本をすくう

59. ジョン　　60. レベッカ

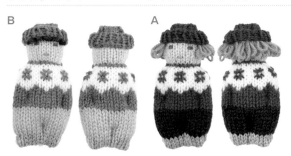

材料と用具　（A：レベッカ、B：ジョン）

糸

ハマナカアメリーエフ《合太》

A… ナチュラルホワイト（501）、マリーゴールドイエロー（503）、ピーチピンク（504）、ダークレッド（509）、ネイビーブルー（514）、キャメル（520）、グレージュ（522）

B… ナチュラルホワイト（501）、マリーゴールドイエロー（503）、ピーチピンク（504）、ピーコックグリーン（515）、ブラウン（519）、グレージュ（522）

ハマナカ純毛中細　AB共通…ピンク（36）、茶色（46）

針　棒針3号、4号

その他　わた3g

作り方のポイント

●本体を編んだら帽子のふちを編み出し、髪をつける。
●服に刺繍をする。

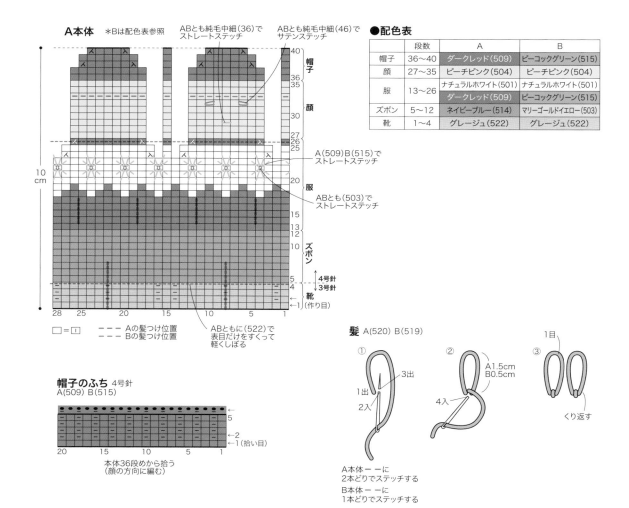

●配色表

	段数	A	B
帽子	36〜40	ダークレッド（509）	ピーコックグリーン（515）
顔	27〜35	ピーチピンク（504）	ピーチピンク（504）
服	13〜26	ナチュラルホワイト（501）	ナチュラルホワイト（501）
		ダークレッド（509）	ピーコックグリーン（515）
ズボン	5〜12	ネイビーブルー（514）	マリーゴールドイエロー（503）
靴	1〜4	グレージュ（522）	グレージュ（522）

A本体　＊Bは配色表参照

ABとも純毛中細（36）でストレートステッチ

ABとも純毛中細（46）でサテンステッチ

A（509）B（515）でストレートステッチ

ABとも（503）でストレートステッチ

10cm

帽子　顔　服　ズボン　靴

□ = 工
— — — Aの髪つけ位置
— — — Bの髪つけ位置

ABともに（522）で表目だけをすくって軽くしぼる

帽子のふち 4号針
A（509） B（515）

本体36段めから拾う
（顔の方向に編む）

髪 A（520） B（519）

① 1出　2入　3出
② A1.5cm B0.5cm　4入
③ 1目　くり返す

A本体 — — に2本どりでステッチする
B本体 — — に1本どりでステッチする

61. ルーク　62. セオドア

Photo ▶ P.9

A

B

材料と用具　（A：ルーク、B：セオドア）

糸　ハマナカ純毛中細

A… 生成り（1）、グレージュ（2）、薄茶色（4）、こげ茶色（5）、
　　ダークレッド（10）、群青（19）、黒（30）、ピンク（36）、茶
　　色（46）

B… 生成り（1）、グレージュ（2）、薄茶色（4）、こげ茶色（5）、
　　ダークレッド（10）、ピンク（36）、オリーブ（40）、茶色（46）

針　棒針2号、3号、4号

その他　25番刺繍糸（銀）、わた3g

作り方のポイント

●本体を編んだら帽子のふちを編み出し、髪をつける。
●服に刺繍をする。

●配色表

	段数	A	B
帽子	36〜40	黒（30）	オリーブ（40）
顔	27〜35	グレージュ（2）	グレージュ（2）
服	13〜26	生成り（1）	生成り（1）
		黒（30）	オリーブ（40）
ズボン	5〜12	群青（19）	薄茶色（4）
靴	1〜4	こげ茶色（5）	こげ茶色（5）

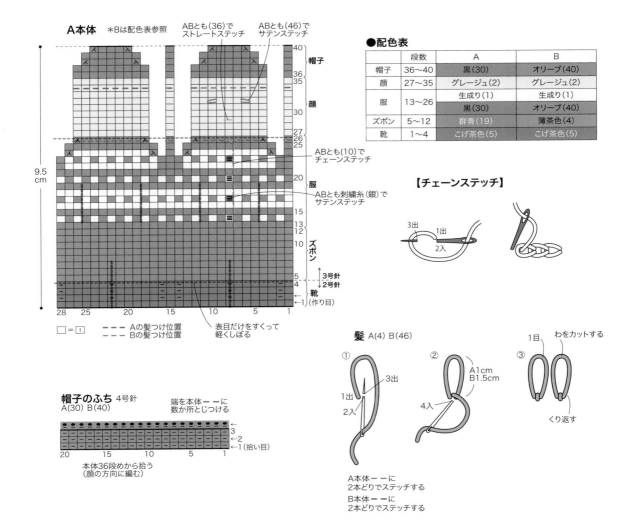

【チェーンステッチ】

髪 A(4) B(46)

63.ルイス　64.ライアン

A　B

材料と用具　（A：ルイス、B：ライアン）

糸

ハマナカアメリーエフ《合太》

A… ピーチピンク（504）、ブラウン（519）、オートミール（521）、グレイッシュローズ（525）

B… ナチュラルホワイト（501）、クリームイエロー（502）、ピーチピンク（504）、ラベンダーブルー（513）、ブラウン（519）

ハマナカ純毛中細

AB共通…ピンク（36）、茶色（46）

針　棒針3号、4号

その他　わた3g

作り方のポイント

●本体を編んだら首をしぼらずにタートルネックを編み出し、髪をつける。
●服中央と服サイドの刺繍をする。

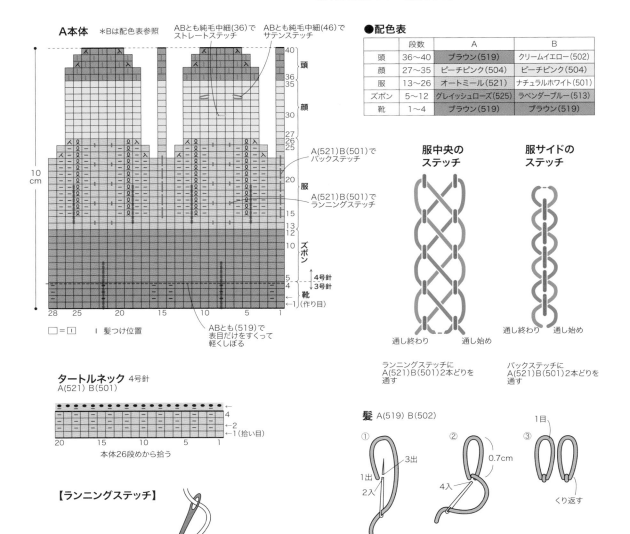

A本体　＊Bは配色表参照

ABとも純毛中細（36）でストレートステッチ

ABとも純毛中細（46）でサテンステッチ

10 cm

頭　40 / 36 / 35
顔　30 / 27 26 25
服　20 / 15 / 13 12
ズボン　10 / 5　4号針　3号針
靴　4 / 1　←1（作り目）

28　25　20　15　10　5　1

□=□　Ｉ 髪つけ位置

A(521)B(501)でバックステッチ
A(521)B(501)でランニングステッチ

ABとも（519）で表目だけをすくって軽くしぼる

●配色表

	段数	A	B
頭	36〜40	ブラウン（519）	クリームイエロー（502）
顔	27〜35	ピーチピンク（504）	ピーチピンク（504）
服	13〜26	オートミール（521）	ナチュラルホワイト（501）
ズボン	5〜12	グレイッシュローズ（525）	ラベンダーブルー（513）
靴	1〜4	ブラウン（519）	ブラウン（519）

服中央のステッチ

ランニングステッチにA(521)B(501)2本どりを通す

通し終わり　通し始め

服サイドのステッチ

バックステッチにA(521)B(501)2本どりを通す

通し終わり　通し始め

タートルネック 4号針
A(521) B(501)

4 / ←2 / ←1（拾い目）
20　15　10　5　1
本体26段めから拾う

髪 A(519) B(502)

①　1出 / 3出 / 2入
②　0.7cm / 4入
③　1目 / くり返す

2本どりで本体の Ｉ にステッチする

【ランニングステッチ】

2　1
入　出

65.サマンサ　66.レジーナ

B　A

材料と用具 （A：レジーナ、B：サマンサ）

糸　ハマナカ純毛中細

A… 生成り（1）、グレージュ（2）、こげ茶（5）、ダークレッド（10）、群青（19）、ハンターグリーン（24）、白（26）、黒（30）、ピンク（36）、茶色（46）

B… 生成り（1）、グレージュ（2）、薄茶色（4）、ダークレッド（10）、黄緑（22）、ハンターグリーン（24）、白（26）、黒（30）、ピンク（36）、からし（43）、茶色（46）

針　棒針2号、3号

その他　25番刺繍糸（銀）、わた3g

作り方のポイント

- 本体を編んだらスカートを編み出し、髪をつける。
- スカート模様を編み出し、とじつける。
- ベストを編み、とじつける。刺繍をする。

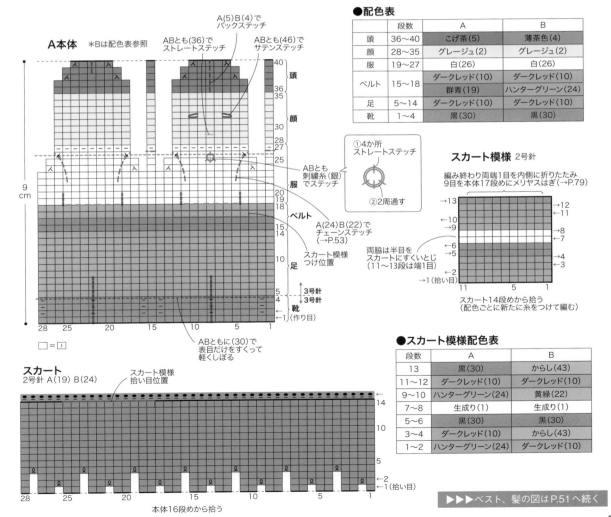

●配色表

	段数	A	B
頭	36～40	こげ茶（5）	薄茶色（4）
顔	28～35	グレージュ（2）	グレージュ（2）
服	19～27	白（26）	白（26）
ベルト	15～18	ダークレッド（10）	ダークレッド（10）
		群青（19）	ハンターグリーン（24）
足	5～14	ダークレッド（10）	ダークレッド（10）
靴	1～4	黒（30）	黒（30）

●スカート模様配色表

段数	A	B
13	黒（30）	からし（43）
11～12	ダークレッド（10）	ダークレッド（10）
9～10	ハンターグリーン（24）	黄緑（22）
7～8	生成り（1）	生成り（1）
5～6	黒（30）	黒（30）
3～4	ダークレッド（10）	からし（43）
1～2	ハンターグリーン（24）	ダークレッド（10）

▶▶▶ベスト、髪の図はP.51へ続く

68. 新婦ドロシー(B)　70. お色直しのドロシー(A)

Photo ▶ P.10

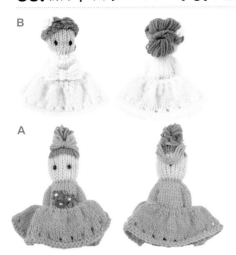

材料と用具

（**A**：お色直しのドロシー、**B**：新婦ドロシー）

糸　ハマナカアメリーエフ《合太》
A…クリームイエロー（502）、ピーチピンク（504）、ピンク（505）5.8g、クリムゾンレッド（508）、ブラウン（519）、キャメル（520）、グレイッシュローズ（525）、セラドン（528）
B…ナチュラルホワイト（501）5.8g、ピーチピンク（504）、ブラウン（519）、キャメル（520）
針　棒針3号、4号
その他　わた3g

作り方のポイント

● 本体を編んだら、スカートを編み出す。
● 服に刺繍をする。
● Bはリボン、髪飾りを編み、とじつける。

A本体　＊BはP.57と配色表参照

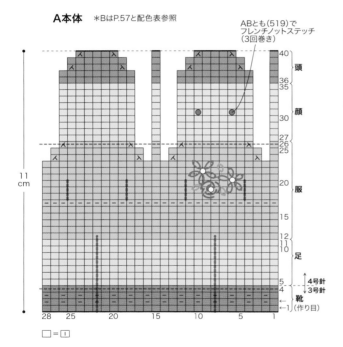

ABとも(519)で
フレンチノットステッチ
（3回巻き）

□ = ①

●配色表

	段数	A	B
頭	36〜40	キャメル（520）	キャメル（520）
顔	27〜35	ピーチピンク（504）	ピーチピンク（504）
服	12〜26	ピンク（505）	ナチュラルホワイト（501）
足	5〜11	ピーチピンク（504）	ピーチピンク（504）
靴	1〜4	グレイッシュローズ（525）	ナチュラルホワイト（501）

Aの刺繍

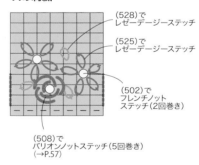

(528)で
レゼーデージーステッチ

(525)で
レゼーデージーステッチ

(502)で
フレンチノット
ステッチ（2回巻き）

(508)で
バリオンノットステッチ（5回巻き）
（→P.57）

スカート　4号針
A(505) B(501)

ゆったり伏せ止めする

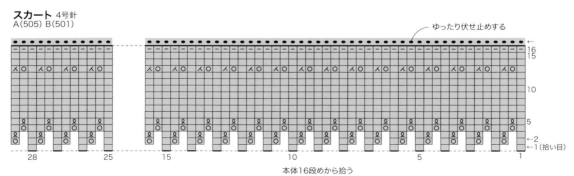

本体16段めから拾う

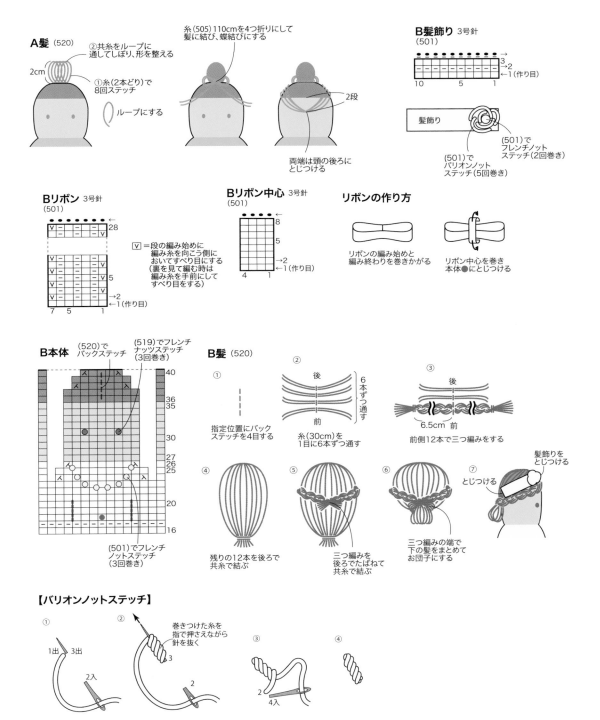

A髪 (520)

②共糸をループに通してしぼり、形を整える

2cm

①糸(2本どり)で8回ステッチ

ループにする

糸(505)110cmを4つ折りにして髪に結び、蝶結びにする

両端は頭の後ろにとじつける

2段

B髪飾り 3号針
(501)

10　　5　　1

→3
→2
←1 (作り目)

髪飾り

(501)でフレンチノットステッチ(2回巻き)

(501)でバリオンノットステッチ(5回巻き)

Bリボン 3号針
(501)

7　5　　1

28

5

→2
←1 (作り目)

V = 段の編み始めに編み糸を向こう側においてすべり目にする
(裏を見て編む時は編み糸を手前にしてすべり目をする)

Bリボン中心 3号針
(501)

4　　1

8

5

→2
←1 (作り目)

リボンの作り方

リボンの編み始めと編み終わりを巻きかがる

リボン中心を巻き本体●にとじつける

B本体

(520)でバックステッチ

(519)でフレンチナッツステッチ(3回巻き)

40
36
35
30
27
26
25
20
16

(501)でフレンチノットステッチ(3回巻き)

B髪 (520)

①
指定位置にバックステッチを4目する

②
後
前
6本ずつ通す
糸(30cm)を1目に6本ずつ通す

③
後
6.5cm　前
前側12本で三つ編みをする

④
残りの12本を後ろで共糸で結ぶ

⑤
三つ編みを後ろでたばねて共糸で結ぶ

⑥
三つ編みの端で下の髪をまとめてお団子にする

⑦
とじつける
髪飾りをとじつける

【バリオンノットステッチ】

①
1出　3出
2入

②
巻きつけた糸を指で押さえながら針を抜く
3
2

③
2
4入

④

57

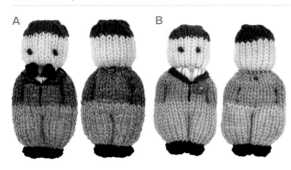

材料と用具　（**A**：新郎トーマス、**B**：お色直しのトーマス）

糸　ハマナカアメリーエフ《合太》

A… ナチュラルホワイト（501）、ピーチピンク（504）、ネイビーブルー（514）、ブラウン（519）、グレー（523）、ブラック（524）、ダークグレー（526）

B… ナチュラルホワイト（501）、クリームイエロー（502）、ピーチピンク（504）、ピンク（505）、クリムゾンレッド（508）、ネイビーブルー（514）、ブラウン（519）、オートミール（521）、ブラック（524）、セラドン（528）

針　棒針3号、4号

その他　わた3g

作り方のポイント

●本体を編み、服に刺繍をする。
●Aは蝶ネクタイを編み、とじつける。

●配色表

	段数	A	B
頭	36～40	ブラウン（519）	ブラウン（519）
顔	27～35	ピーチピンク（504）	ピーチピンク（504）
服	17～26	ダークグレー（526）	セラドン（528）
ズボン	5～16	グレー（523）	オートミール（521）
靴	1～4	ブラック（524）	ブラック（524）

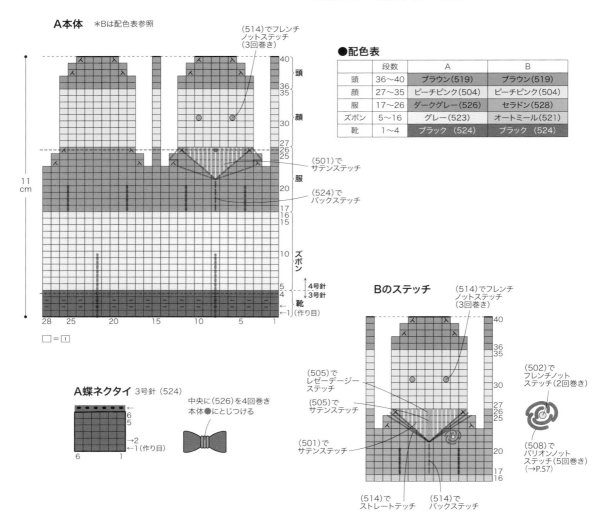

A本体 ＊Bは配色表参照

（514）でフレンチノットステッチ（3回巻き）

（501）でサテンステッチ

（524）でバックステッチ

□ = ［１］

A蝶ネクタイ 3号針（524）

中央に（526）を4回巻き
本体●にとじつける

Bのステッチ

（514）でフレンチノットステッチ（3回巻き）

（505）でレゼーデージーステッチ

（505）でサテンステッチ

（501）でサテンステッチ

（514）でストレートテッチ

（514）でバックステッチ

（502）でフレンチノットステッチ（2回巻き）

（508）でバリオンノットステッチ（5回巻き）（→P.57）

71. トナカイ   73. エルダートナカイ

Photo ▶ P.11

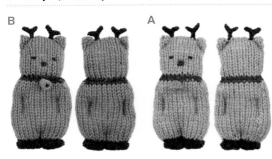

B   A

材料と用具   （A：エルダートナカイ、B：トナカイ）

糸

ハマナカアメリーエフ《合太》
A… ダークレッド（509）、ブラウン（519）、オートミール（521）
B… ダークレッド（509）、フォレストグリーン（518）、ブラウン（519）、
　　キャメル（520）
ハマナカ純毛中細
AB共通…からし（43）
針　棒針3号、4号、かぎ針3/0号
その他　わた4g

作り方のポイント
●本体を編んだら、ベル、つのを編み、とじつける。

A本体　＊Bは配色表参照

ABとも（509）で
フレンチノット
ステッチ（5回巻き）

ABとも（519）で
サテンステッチ

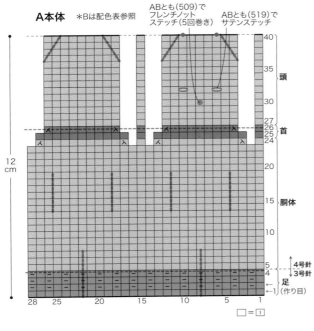

頭
首
胴体

4号針
3号針
足

12cm

□ = Ⅰ

●配色表

	段数	A	B
頭	27〜40	オートミール（521）	キャメル（520）
首	25〜26	ダークレッド（509）	フォレストグリーン（518）
胴体	5〜24	オートミール（521）	キャメル（520）
足	1〜4	ブラウン（519）	ブラウン（519）

AB

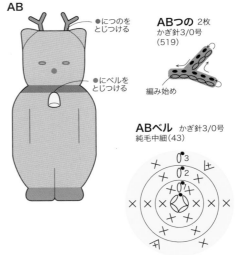

●につのを
とじつける

●にベルを
とじつける

ABつの 2枚
かぎ針3/0号
（519）

編み始め

ABベル かぎ針3/0号
純毛中細（43）

【くさり編み ◯ 】

★を指で押さえ、針に糸を
かけて矢印のように引き出す

針に糸をかけ、引き出す
（最初の目は1目とは数えない）

最初の目

くさり1目

くさり編みが1目編めた

【引き抜き編み ● 】

【こま編み ✕ 】

矢印のように針を入れ、
糸をかけて引き出す

再度、針に糸をかけて
引き抜く

こま編みが1目編めた

【こま編み2目編み入れる ∨ 】

前段の1目に
こま編みを2編む

72. サンタ   74. グランパサンタ

Photo ▶ P.11

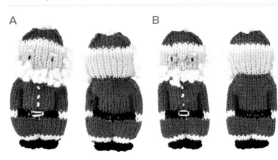

A   B

材料と用具 （A：サンタ、B：グランパサンタ）

糸

ハマナカアメリーエフ《合太》

A… ナチュラルホワイト（501）、ピーチピンク（504）、ダークレッド
（509）、ブラック（524）

B… ナチュラルホワイト（501）、ピーチピンク（504）、ダークレッド
（509）、グレージュ（522）、ブラック（524）

ハマナカソノモノループ

AB共通…生成り（51）

針 棒針3号、4号

その他 わた4g

作り方のポイント

●本体を編んだら、刺繍をする。

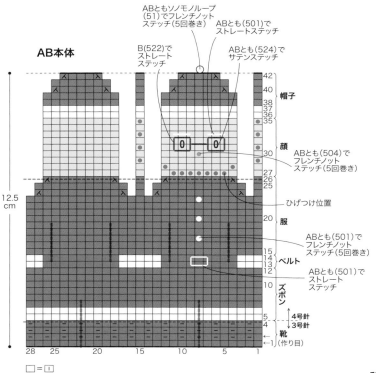

AB本体

ABともソノモノループ
（51）でフレンチノット
ステッチ（5回巻き）
ABとも（501）で
ストレートステッチ
B（522）で
ストレート
ステッチ
ABとも（524）で
サテンステッチ

ABとも（504）で
フレンチノット
ステッチ（5回巻き）

ひげつけ位置

ABとも（501）で
フレンチノット
ステッチ（5回巻き）

ABとも（501）で
ストレート
ステッチ

12.5
cm

42
40
38 37 36 35 ┄ 帽子
30 ┄ 顔
27 26 25
20 ┄ 服
15 14 13 12 ┄ ベルト
10 ┄ ズボン
5 4 ←4号針 ←3号針
←靴
←1（作り目）

28 25 20 15 10 5 1

□ = □

●配色表

	段数	A・B
帽子	36～42	ダークレッド（509）
		ナチュラルホワイト（501）
顔	27～35	ピーチピンク（504）
服	15～26	ダークレッド（509）
ベルト	13～14	ブラック（524）
		ナチュラルホワイト（501）
ズボン	5～12	ダークレッド（509）
		ナチュラルホワイト（501）
靴	1～4	ブラック（524）

ひげのステッチ

ABともソノモノループ（51）

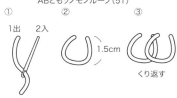

①   ②   ③
1出 2入   1.5cm   くり返す

本体●にステッチする

75. サンタママ　76. オフシーズンの サンタパパ

Photo ▶ P.11

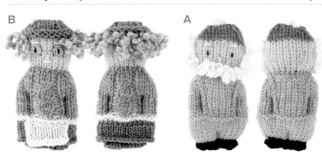

B　A

作り方のポイント

●Bは本体を編んだら、スカート、帽子のふちを編み出す。
　エプロンを編み、とじつける。
●刺繍をする。

材料と用具　（A：サンタパパ、B：サンタママ）

糸

ハマナカアメリーエフ《合太》

A… ナチュラルホワイト（501）、マリーゴールドイエロー
（503）、ピーチピンク（504）、ラベンダーブルー（513）、
グレージュ（522）、ブラック（524）

B… ナチュラルホワイト（501）、ピーチピンク（504）、ミン
トグリーン（517）、キャメル（520）、オートミール
（521）、グレージュ（522）、ブラック（524）、セラドン
（528）

ハマナカソノモノループ

A…生成り（51）　B…ベージュ（52）

針　棒針3号、4号

その他　わた4g

●配色表

	段数	A	B
帽子	36～40	ラベンダーブルー（513）	ミントグリーン（517）
顔	27～35	ピーチピンク（504）	ピーチピンク（504）
服	13～26	グレージュ（522）	オートミール（521）
ベルト	11～12	マリーゴールドイエロー（503）	ナチュラルホワイト（501）
ズボン	5～10	マリーゴールドイエロー（503）	セラドン（528）
靴	1～4	ブラック（524）	キャメル（520）

Aひげ・B髪のステッチ
ソノモノループ A（51）B（52）

① 1出　2入　② A1cm B3cm　③ くり返す

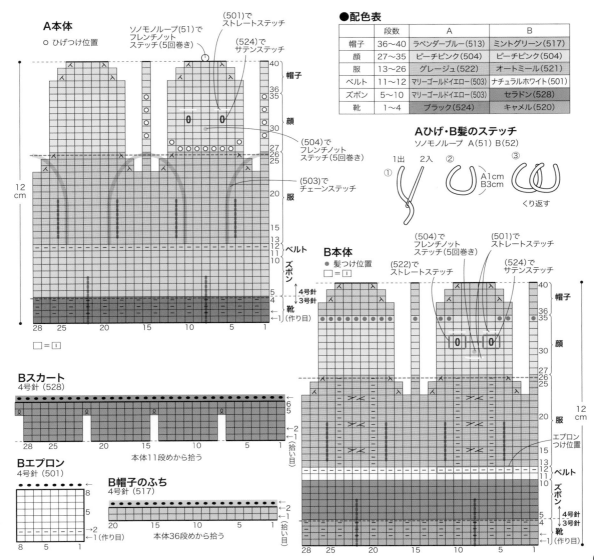

A本体
○ ひげつけ位置

ソノモノループ(51)で
フレンチノット
ステッチ(5回巻き)

(501)で
ストレートステッチ

(524)で
サテンステッチ

(504)で
フレンチノット
ステッチ(5回巻き)

(503)で
チェーンステッチ

12cm

帽子 40 36 35
顔 30 27 26 25
服 20 15 13 12
ベルト 11 10
ズボン 5 4
靴 1(作り目)

4号針
3号針

28 25 20 15 10 5 1

□ = ☐

Bスカート
4号針 (528)

6 5　2 1 (拾い目)

28 25 20 15 10 5 1

本体11段めから拾う

Bエプロン
4号針 (501)

8 5　2 1(作り目)

8 5 1

B帽子のふち
4号針 (517)

2 1(拾い目)

20 15 10 5 1

本体36段めから拾う

B本体
● 髪つけ位置
□ = ☐

(522)で
ストレートステッチ

(504)で
フレンチノット
ステッチ(5回巻き)

(501)で
ストレートステッチ

(524)で
サテンステッチ

帽子 40 36 35
顔 30 27 26 25
服 20 15
エプロンつけ位置
ベルト 13 12 11 10
ズボン 5 4
靴 1(作り目)

12cm

4号針
3号針

28 25 20 15 10 5 1

77. ヘンゼル　78. グレーテル

Photo ▶ P.12

B　A

材料と用具　（A：グレーテル、B：ヘンゼル）

糸　ハマナカアメリーエフ《合太》
A… クリームイエロー（502）、マリーゴールドイエロー（503）、ピーチ
ピンク（504）、パープルヘザー（510）、ミントグリーン（517）、ブ
ラウン（519）、グレイッシュローズ（525）、セラドン（528）
B… クリームイエロー（502）、マリーゴールドイエロー（503）、ピーチ
ピンク（504）、パープルヘイズ（511）、ミントグリーン（517）、フォ
レストグリーン（518）、キャメル（520）
針　棒針3号、4号
その他　わた3g

作り方のポイント

●Aは本体を編んだら、スカートを編み出す。
●髪、服に刺繍をする。Aは髪をつけ、三つ編みをする。

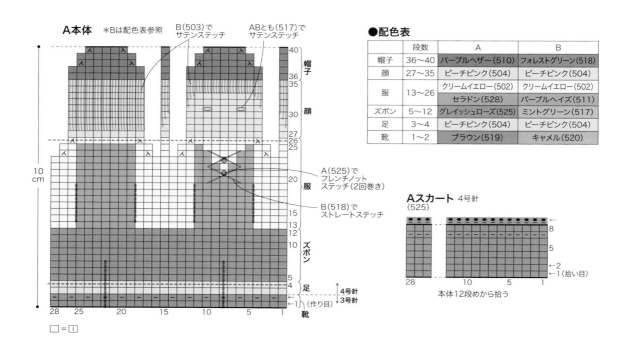

A本体 ＊Bは配色表参照
B(503)で サテンステッチ
ABとも(517)で サテンステッチ
A(525)で フレンチノット ステッチ（2回巻き）
B(518)で ストレートステッチ
□ = ⊡

●配色表

	段数	A	B
帽子	36～40	パープルヘザー（510）	フォレストグリーン（518）
顔	27～35	ピーチピンク（504）	ピーチピンク（504）
服	13～26	クリームイエロー（502）	クリームイエロー（502）
		セラドン（528）	パープルヘイズ（511）
ズボン	5～12	グレイッシュローズ（525）	ミントグリーン（517）
足	3～4	ピーチピンク（504）	ピーチピンク（504）
靴	1～2	ブラウン（519）	キャメル（520）

Aスカート 4号針
(525)
本体12段めから拾う
←8
←5
←2
←1（拾い目）

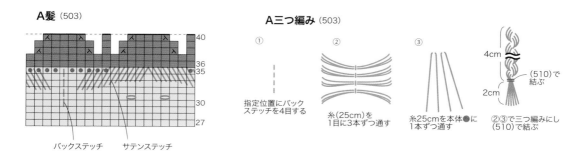

A髪 (503)
バックステッチ　サテンステッチ

A三つ編み (503)
① 指定位置にバックステッチを4目する
② 糸（25cm）を1目に3本ずつ通す
③ 糸25cmを本体●に1本ずつ通す
②③で三つ編みにし（510）で結ぶ
4cm
（510）で結ぶ
2cm

79. おやゆび姫

材料と用具

糸　ハマナカアメリー
クリムゾンレッド（5）、ベージュ（21）、レモンイエロー（25）、コーラル
ピンク（27）、イエローオーカー（41）、ヴァージニアブルーベル（46）
針　棒針4号
その他　わた4g

作り方のポイント

●本体を編んだらスカートを編み出し、髪をつける。
●リボンを編み、とじつける。
●胸に刺繍をする。

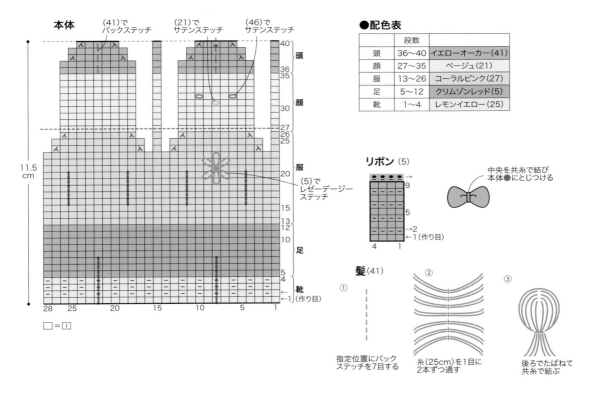

本体

(41)で バックステッチ
(21)で サテンステッチ
(46)で サテンステッチ

頭 40
顔 36 35
顔 30
27 26 25
服 20
(5)で レゼーデージー ステッチ
13 12 10
足 5 4
靴 ←1（作り目）

11.5 cm

28　25　　20　　15　　10　　5　　1

□ = ☐

●配色表

	段数	
頭	36～40	イエローオーカー（41）
顔	27～35	ベージュ（21）
服	13～26	コーラルピンク（27）
足	5～12	クリムゾンレッド（5）
靴	1～4	レモンイエロー（25）

リボン (5)

→ 9
5
→ 2
←1（作り目）
4　1

中央を共糸で結び
本体●にとじつける

髪 (41)

① 指定位置にバック
ステッチを7目する

② 糸（25cm）を1目に
2本ずつ通す

③ 後ろでたばねて
共糸で結ぶ

スカート (5)

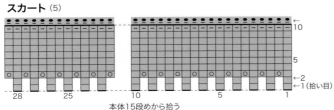

← 10
5
←2
←1（拾い目）

28　　25　　10　　5　　1

本体15段めから拾う

80. 王子様

Photo ▶ P.12

材料と用具

糸　ハマナカアメリー
アイスブルー（10）、ベージュ（21）、レモンイエロー（25）、チャイナブルー（29）、ヴァージニアブルーベル（46）、ナツメグ（49）
針　棒針4号、かぎ針4/0号
その他　わた4g

作り方のポイント

●本体を編んだら衿を編み出す。
●かんむりを編み、とじつける。
●ボタン、バックルを刺繍する。

本体

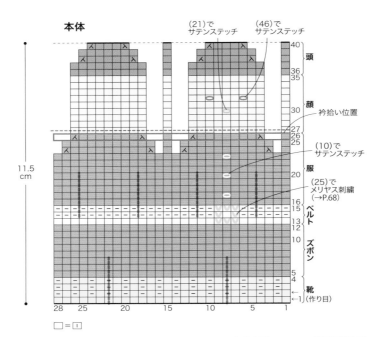

（21）で
サテンステッチ

（46）で
サテンステッチ

頭
40
36
35
顔
30
27
26
25
服
20
16
15
13
12
10
5
4
1

衿拾い位置

（10）で
サテンステッチ

（25）で
メリヤス刺繍
（→P.68）

ベルト
ズボン
靴
←1（作り目）

11.5cm

28　25　20　15　10　5　1

□ = Ｉ

●配色表

	段数	
頭	36〜40	ナツメグ（49）
顔	27〜35	ベージュ（21）
服	16〜26	チャイナブルー（29）
ベルト	13〜15	アイスブルー（10）
ズボン	5〜12	チャイナブルー（29）
靴	1〜4	レモンイエロー（25）

かんむり
かぎ針4/0号（25）

裏側を表にして
本体39段めにとじつける

編み始め（鎖16目）

衿（29）

6
→2
→1（拾い目）

17　15　10　5　1

本体指定位置から拾う

【くさり3目の引き抜きピコット】

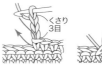

くさり
3目

81. 花の妖精

材料と用具

糸　ハマナカアメリー
チョコレートブラウン (9)、アイスブルー (10)、グラスグリーン (13)、
ベージュ (21)、レモンイエロー (25)、コーラルピンク (27)
針　棒針4号
その他　わた4g

作り方のポイント

- ●本体を編んだらスカートを編み出し、髪をつける。
- ●ボンボンを作り、とじつける。
- ●胸に刺繍をする。

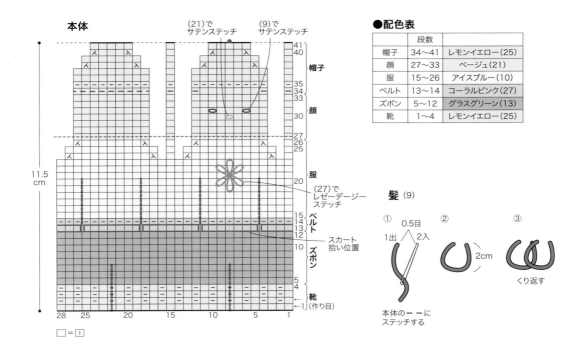

本体

(21)で サテンステッチ
(9)で サテンステッチ

帽子
顔
服
ベルト
ズボン
靴

11.5 cm

(27)で レゼーデージー ステッチ

スカート 拾い位置

□ = 王

●配色表

	段数	
帽子	34〜41	レモンイエロー (25)
顔	27〜33	ベージュ (21)
服	15〜26	アイスブルー (10)
ベルト	13〜14	コーラルピンク (27)
ズボン	5〜12	グラスグリーン (13)
靴	1〜4	レモンイエロー (25)

髪 (9)

① 0.5目
1出　2入
② 2cm
③ くり返す

本体の ― に ステッチする

スカート 4枚
(27)

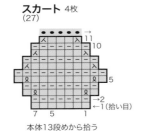

←2
←1 (拾い目)

本体13段めから拾う

ボンボン (25)

3cm

厚紙に (25)を 15回巻く

カット

厚紙からはずし 中央を共糸で結ぶ わをカットする

3cm

切り揃え 本体●に とじつける

82. ハチ

材料と用具

糸　ハマナカ純毛中細
グレージュ（2）、黒（30）、からし（43）
針　棒針2号、かぎ針2/0号
その他　わた3g

作り方のポイント

●本体を編んだら、触角、羽を編んでとじつける。

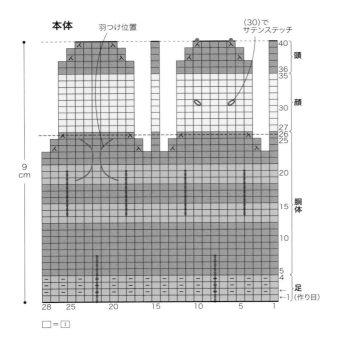

本体

羽つけ位置

（30）で
サテンステッチ

□ = ①

28　25　　20　　15　　10　　5　　1

●配色表

	段数	
頭	36〜40	黒（30）
顔	27〜35	グレージュ（2）
胴体	5〜26	からし（43）
		黒（30）
足	1〜4	からし（43）

触角 2本
かぎ針2/0号（30）

本体の●に
とじつける

編み終わりの糸端は
裏山に通して糸始末する

2cm（鎖15目）

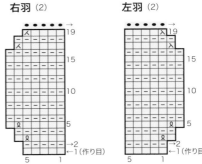

右羽（2）　　左羽（2）

83. 魔法使い　86. 魔女

B　A

材料と用具　（A：魔女、B：魔法使い）

糸　ハマナカアメリーエフ《合太》

A… マリーゴールドイエロー（503）、ピーチピンク（504）、クリムゾンレッド（508）、パープルヘザー（510）、オートミール（521）、ブラック（524）

B… クリームイエロー（502）、ピーチピンク（504）、フォレストグリーン（518）、ブラウン（519）、グレイッシュローズ（525）、セラドン（528）

針　棒針3号、4号

その他　わた4g

作り方のポイント
● 本体を編んだら、帽子のつば、スカートを編み出し、髪をつける。
● Bはリボンを編み、首に蝶結びする。
● ボンボンを作り、Aは本体にとじつけ、Bはつまようじにつける。
● Aはタッセルを作り、つまようじにつける。

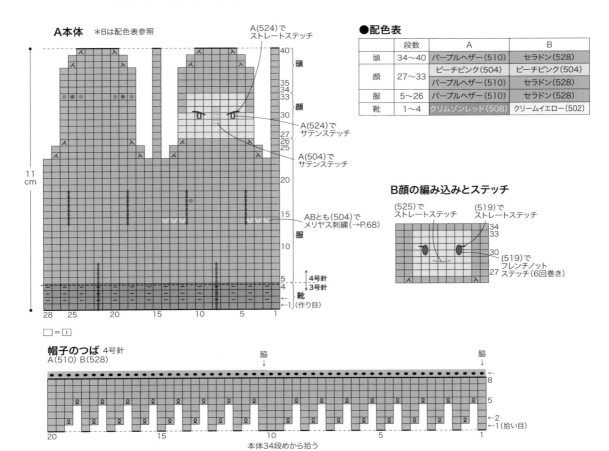

A本体　＊Bは配色表参照

A（524）でストレートステッチ
A（524）でサテンステッチ
A（504）でサテンステッチ
ABとも（504）でメリヤス刺繍（→P.68）

11cm

頭 40 35 34 33
顔 30 27 26
服 20 15 10 5
靴 4 5 1（作り目）

4号針／3号針

28　25　20　15　10　5　1

□ = Ｉ

● **配色表**

	段数	A	B
頭	34〜40	パープルヘザー（510）	セラドン（528）
顔	27〜33	ピーチピンク（504）	ピーチピンク（504）
		パープルヘザー（510）	セラドン（528）
服	5〜26	パープルヘザー（510）	セラドン（528）
靴	1〜4	クリムゾンレッド（508）	クリームイエロー（502）

B顔の編み込みとステッチ

（525）でストレートステッチ　（519）でストレートステッチ
（519）でフレンチノットステッチ（6回巻き）
34 33 30 27

帽子のつば　4号針
A（510）B（528）

脇　脇
8 5 ←2 ←1（拾い目）
20　15　10　5　1

本体34段めから拾う

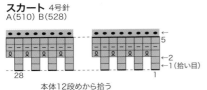

スカート　4号針
A（510）B（528）

5 ←2 ←1（拾い目）
28　1

本体12段めから拾う

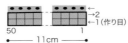

Bリボン　4号針　首に巻き、蝶結びする
（518）

←2 ←1（作り目）
50　1
← 11cm →

▶▶▶ P.68へ続く

▶▶▶ P.67 から続く

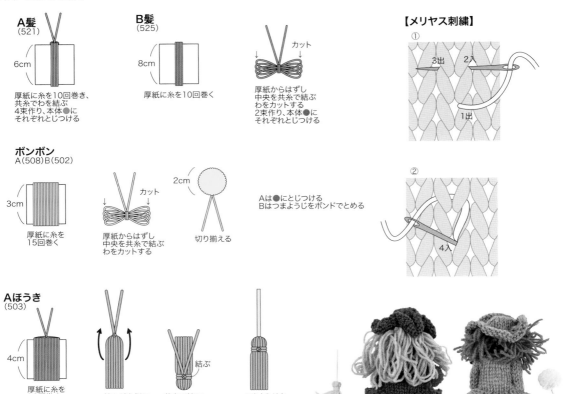

A髪
(521)

6cm

厚紙に糸を10回巻き、
共糸でわを結ぶ
4束作り、本体●に
それぞれとじつける

B髪
(525)

8cm

厚紙に糸を10回巻く

カット

厚紙からはずし
中央を共糸で結ぶ
わをカットする
2束作り、本体●に
それぞれとじつける

【メリヤス刺繍】

①

3出　2入

1出

ボンボン
A(508)B(502)

3cm

厚紙に糸を
15回巻く

カット

厚紙からはずし
中央を共糸で結ぶ
わをカットする

2cm

切り揃える

Aは●にとじつける
Bはつまようじをボンドでとめる

②

4入

Aほうき
(503)

4cm

厚紙に糸を
16回巻く
共糸でわを結ぶ
反対側のわを
カットする

結んだ糸側に
かぶせる

結ぶ

共糸で結ぶ
糸端は束に入れ込む

つまようじを
差し込み
ボンドでとめる

▶▶▶ P.69 から続く

84. シンデレラ　85. 白雪姫

★材料と用具、AB本体とリボン、Bの髪はP.69参照。

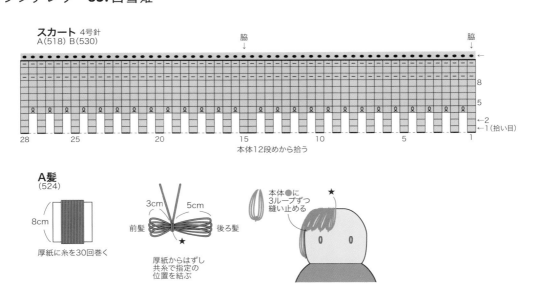

スカート 4号針
A(518) B(530)

脇　　　脇

8

5

←2
←1(拾い目)

28　　25　　　20　　　　15　　　10　　　5　　　1

本体12段めから拾う

A髪
(524)

8cm

厚紙に糸を30回巻く

3cm　5cm

前髪　　　後ろ髪

★

厚紙からはずし
共糸で指定の
位置を結ぶ

本体●に
3ループずつ
縫い止める

84. シンデレラ　　85. 白雪姫

Photo ▶ P.13

B　A　A

材料と用具　（A：白雪姫、B：シンデレラ）

糸　ハマナカアメリーエフ《合太》
A… クリームイエロー（502）、ピーチピンク（504）、
　　クリムゾンレッド（508）、フォレストグリーン
　　（518）、ブラウン（519）、ブラック（524）
B… ナチュラルホワイト（501）、クリームイエロー
　　（502）、ピーチピンク（504）、ピーコックグリーン
　　（515）、ライトグリーン（530）、セラドン（528）
針　棒針3号、4号
その他　わた3g

作り方のポイント

●本体を編んだらスカートを編み出し、髪をつける。
●Aはリボンを編んでとじつける。Bはリボンを編んで髪に結ぶ。

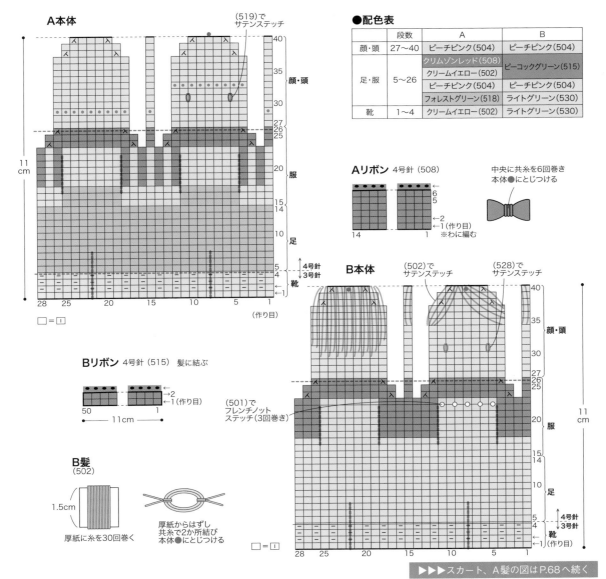

A本体

（519）で
サテンステッチ

□＝Ⅰ

●配色表

	段数	A	B
顔・頭	27〜40	ピーチピンク（504）	ピーチピンク（504）
足・服	5〜26	クリムゾンレッド（508）	ピーコックグリーン（515）
		クリームイエロー（502）	
		ピーチピンク（504）	ピーチピンク（504）
		フォレストグリーン（518）	ライトグリーン（530）
靴	1〜4	クリームイエロー（502）	ライトグリーン（530）

Aリボン 4号針（508）

中央に共糸を6回巻き
本体●にとじつける

※わに編む

Bリボン 4号針（515）　髪に結ぶ

←11cm→

B髪
（502）

1.5cm

厚紙に糸を30回巻く

厚紙からはずし
共糸で2か所結び
本体●にとじつける

B本体

（502）で
サテンステッチ

（528）で
サテンステッチ

（501）で
フレンチノット
ステッチ（3回巻き）

4号針
3号針

□＝Ⅰ

▶▶▶スカート、A髪の図はP.68へ続く

87. しろいうさぎ　88. くろいうさぎ

Photo ▶ P.13

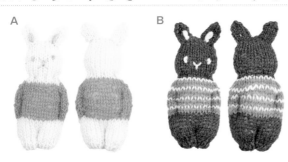

A　B

材料と用具　（A：しろいうさぎ、B：くろいうさぎ）

糸　ハマナカアメリーエフ《合太》
A… ナチュラルホワイト（501）、ピーチピンク（504）、キャロットオレンジ（506）
B… ナチュラルホワイト（501）、パロットグリーン（516）、ダークグレー（526）
針　棒針4号
その他　わた5g

作り方のポイント
●本体を編んだら、耳を編み出す。

A本体

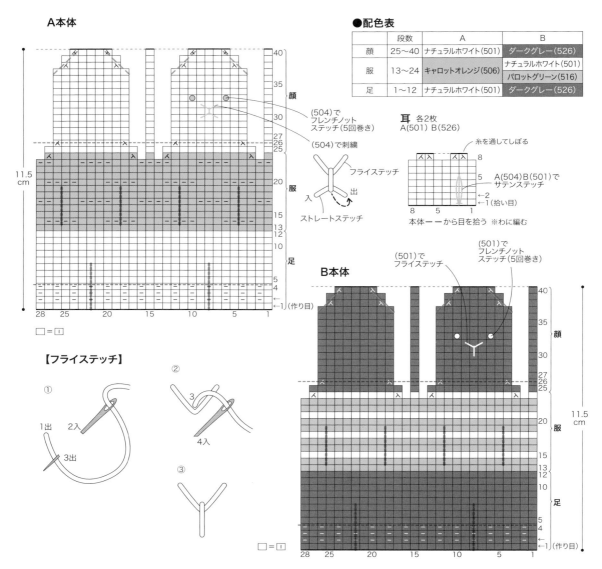

●配色表

	段数	A	B
顔	25〜40	ナチュラルホワイト(501)	ダークグレー(526)
服	13〜24	キャロットオレンジ(506)	ナチュラルホワイト(501) パロットグリーン(516)
足	1〜12	ナチュラルホワイト(501)	ダークグレー(526)

(504)で
フレンチノット
ステッチ(5回巻き)

(504)で刺繍

フライステッチ

入　出

ストレートステッチ

耳　各2枚
A(501) B(526)

糸を通してしぼる

A(504)B(501)で
サテンステッチ

←2
←1(拾い目)

本体━━から目を拾う ※わに編む

(501)で
フライステッチ

(501)で
フレンチノット
ステッチ(5回巻き)

B本体

11.5
cm

【フライステッチ】

①
1出　2入
3出

②
3
4入

③

□ = | |

28　25　20　15　10　5　1
←1(作り目)

70

89. ペネロペ　90. イボンヌ

材料と用具 （A：ペネロペ、B：イボンヌ）

糸 **ハマナカアメリーエフ《合太》**

A… ナチュラルホワイト（501）、ピーチピンク（504）、ブラウン（519）、キャメル（520）、ブラック（524）

B… ナチュラルホワイト（501）、ピーチピンク（504）、フォレストグリーン（518）、ブラウン（519）、ブラック（524）

針 棒針3号、4号

その他 わた3g

作り方のポイント

● 本体を編んだら髪をつける。
● エプロンひもを作り、本体にとじつける。

●配色表

	段数	A	B
頭	36〜40	ブラウン（519）	ブラウン（519）
顔	27〜35	ピーチピンク（504）	ピーチピンク（504）
服	17〜26	ナチュラルホワイト（501） ピーチピンク（504）	ナチュラルホワイト（501）
エプロン	10〜16	キャメル（520）	フォレストグリーン（518）
ズボン	5〜9	ブラック（524）	ブラック（524）
靴	1〜4	ブラウン（519）	ブラウン（519）

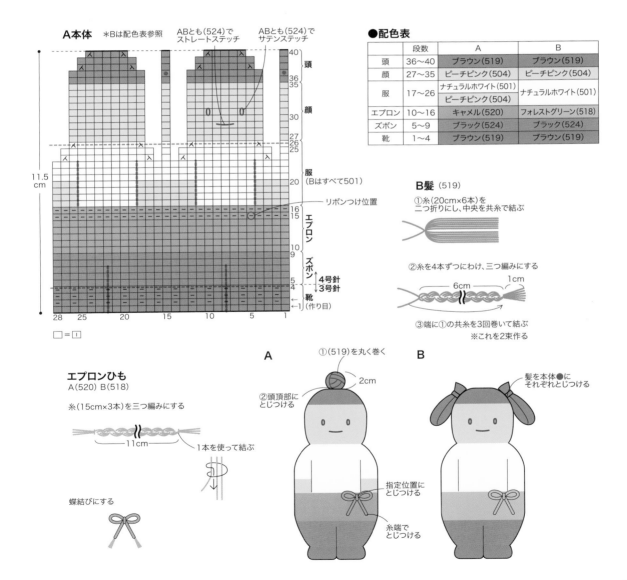

A本体 ＊Bは配色表参照

ABとも（524）でストレートステッチ
ABとも（524）でサテンステッチ

頭
顔
服（Bはすべて501）
エプロン
ズボン
靴

リボンつけ位置

4号針
3号針
（作り目）

11.5cm

□ = |

B髪（519）

①糸（20cm×6本）を二つ折りにし、中央を共糸で結ぶ

②糸を4本ずつにわけ、三つ編みにする

6cm　1cm

③端に①の共糸を3回巻いて結ぶ
※これを2束作る

エプロンひも
A（520）B（518）

糸（15cm×3本）を三つ編みにする

11cm

1本を使って結ぶ

蝶結びにする

A

①（519）を丸く巻く
2cm
②頭頂部にとじつける

指定位置にとじつける

糸端でとじつける

B

髪を本体●にそれぞれとじつける

B　A

材料と用具 （A：ダニエル、B：オリーブ）

糸 ハマナカアメリーエフ《合太》

A… ナチュラルホワイト（501）、ピーチピンク（504）、クリム
　　ゾンレッド（508）、ブラウン（519）、ブラック（524）

B… ナチュラルホワイト（501）、ピーチピンク（504）、ラベン
　　ダーブルー（513）、ブラウン（519）、ブラック（524）

針　棒針3号、4号

その他　わた3g

作り方のポイント

●Aは本体を編んだらネクタイを作り、本体に巻く。
●Bは本体を編んだら髪をつける。

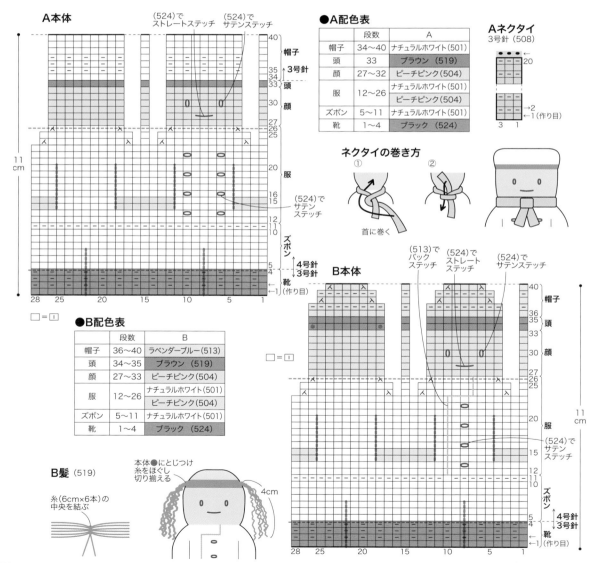

●A配色表

	段数	A
帽子	34〜40	ナチュラルホワイト（501）
頭	33	ブラウン（519）
顔	27〜32	ピーチピンク（504）
服	12〜26	ナチュラルホワイト（501）
		ピーチピンク（504）
ズボン	5〜11	ナチュラルホワイト（501）
靴	1〜4	ブラック（524）

●B配色表

	段数	B
帽子	36〜40	ラベンダーブルー（513）
頭	34〜35	ブラウン（519）
顔	27〜33	ピーチピンク（504）
服	12〜26	ナチュラルホワイト（501）
		ピーチピンク（504）
ズボン	5〜11	ナチュラルホワイト（501）
靴	1〜4	ブラック（524）

93. ディラン 94. アーロ

A B

材料と用具 （A：ディラン、B：アーロ）

糸 ハマナカアメリーエフ《合太》

A… マリーゴールドイエロー（503）、ピーチピンク（504）、クリムゾンレッド（508）、ラベンダーブルー（513）、ネイビーブルー（514）、フォレストグリーン（518）、ブラウン（519）、ブラック（524）

B… ナチュラルホワイト（501）、ピーチピンク（504）、ピンク（505）、クリムゾンレッド（508）、ラベンダーブルー（513）、ネイビーブルー（514）、フォレストグリーン（518）、ブラック（524）

針 棒針3号、4号

その他 わた3g

作り方のポイント

●本体を編んだら、胸当てを編み出し、ポケットを編み、とじつける。
●ベレー帽を編んでとじつける。Bはひげをつける。

●配色表

	段数	A	B
頭	36〜40	ブラウン（519）	ピーチピンク（504）
顔	27〜35	ピーチピンク（504）	ピーチピンク（504）
服	13〜26	マリーゴールドイエロー（503）	ピンク（505）
		ラベンダーブルー（513）	ラベンダーブルー（513）
		ピーチピンク（504）	ピーチピンク（504）
ズボン	5〜12	ラベンダーブルー（513）	ラベンダーブルー（513）
靴	1〜4	ネイビーブルー（514）	ネイビーブルー（514）

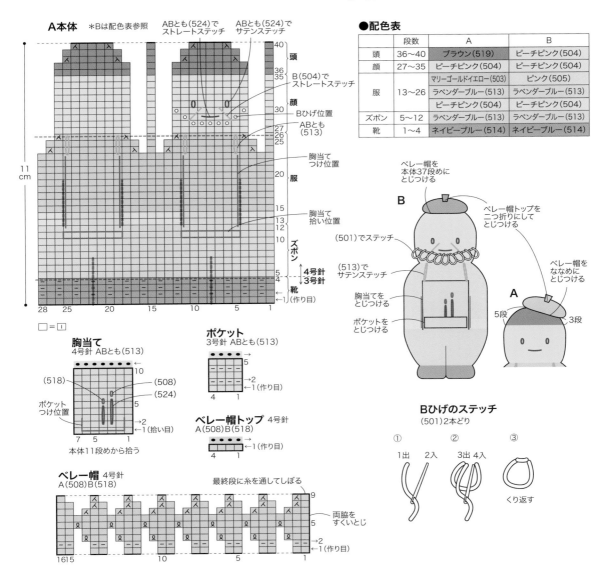

95. ジャック　　96. ヘレン

A　　　B

材料と用具　（A：ジャック、B：ヘレン）

糸　ハマナカアメリー

A… ナチュラルホワイト（20）、チャイナブルー（29）、ラベンダー（43）、ピスタチオ（48）、バーミリオン（55）

B… ナチュラルホワイト（20）、コーラルピンク（27）、コーンイエロー（31）、セラドン（37）、オートミール（40）、セージグリーン（54）

針　棒針5号、6号

その他　わた4g

作り方のポイント

● Bは本体を編んだら、髪をつける。ショールを編み、首に巻く。

● Aは刺繍をする。

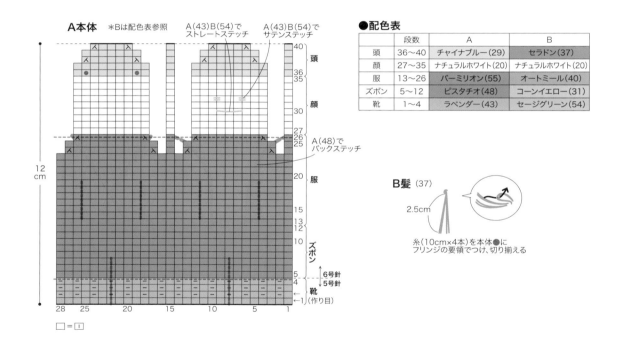

A本体　＊Bは配色表参照

A（43）B（54）でストレートステッチ

A（43）B（54）でサテンステッチ

A（48）でバックステッチ

頭 / 顔 / 服 / ズボン / 靴

40 / 36 / 35 / 30 / 27 / 26 / 25 / 20 / 15 / 13 / 12 / 10 / 5 / 4 / ←1（作り目）

6号針 / 5号針

12cm

28　25　20　15　10　5　1

□ = ⊡

●配色表

	段数	A	B
頭	36〜40	チャイナブルー（29）	セラドン（37）
顔	27〜35	ナチュラルホワイト（20）	ナチュラルホワイト（20）
服	13〜26	バーミリオン（55）	オートミール（40）
ズボン	5〜12	ピスタチオ（48）	コーンイエロー（31）
靴	1〜4	ラベンダー（43）	セージグリーン（54）

B髪（37）

2.5cm

糸（10cm×4本）を本体●にフリンジの要領でつけ、切り揃える

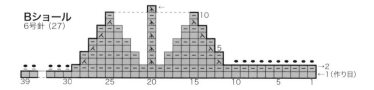

Bショール
6号針（27）

10 / 5 / 2 / ←1（作り目）

39　30　25　20　15　10　5　1

97. クララ　　98. アーサー

材料と用具　（A：アーサー、B：クララ）

糸　ハマナカアメリーエフ《合太》

A… ナチュラルホワイト（501）、キャロットオレンジ（506）、ブラウン（519）、オートミール（521）、グレージュ（522）、ロイヤルブルー（527）

B… ナチュラルホワイト（501）、バーミリオンオレンジ（507）、パープルヘイズ（511）、ライトブルー（512）、ピーコックグリーン（515）、キャメル（520）

針　棒針3号、4号

その他　わた3g

作り方のポイント

●Bは本体を編んだら、エプロンを編み出す。
●Bは髪をつけ、ショールを編み、首に巻く。
●Aはマフラーを編み、首に巻く。

●配色表

	段数	A	B
頭	36～40	オートミール（521）	キャメル（520）
顔	27～35	ナチュラルホワイト（501）	ナチュラルホワイト（501）
服	13～26	グレージュ（522）	バーミリオンオレンジ（507）
ズボン	11～12	ロイヤルブルー（527）	ライトブルー（512）
	5～10		
靴	1～4	ブラウン（519）	ピーコックグリーン（515）

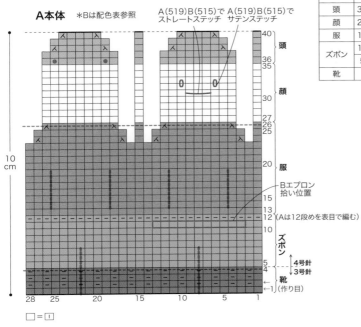

A本体　＊Bは配色表参照

A(519)B(515)で　A(519)B(515)で
ストレートステッチ　サテンステッチ

10 cm

頭
顔
服
ズボン
靴

Bエプロン
拾い位置

（Aは12段めを表目で編む）

□ = □

B髪（520）

2cm

糸（10cm×4本）を本体●に
フリンジの要領でつけ、切り揃える

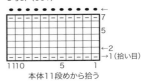

Bエプロン
3号針（501）

本体11段めから拾う

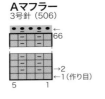

Aマフラー
3号針（506）

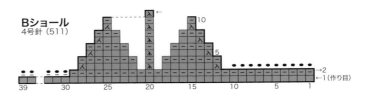

Bショール
4号針（511）

材料と用具 （A：ヒューゴ、B：メイ）

糸 ハマナカ純毛中細

A…生成り（1）、薄茶色（4）、セルリアンブルー（17）、ハンターグリーン（24）、ライトグレー（27）、ライトオパール（34）、からし（43）

B…生成り（1）、ダークレッド（10）、セルリアンブルー（17）、ピンクベージュ（31）、赤紫（45）

針 棒針2号、3号

その他 わた2g

作り方のポイント

●Bは本体を編んだら、エプロンを編み出す。

●髪を刺繍する。Bは髪をつけ、三つ編みにする。

●Aはマフラーを編み、首に巻く。

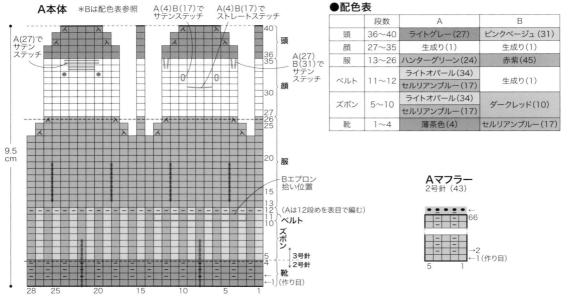

●配色表

	段数	A	B
頭	36〜40	ライトグレー（27）	ピンクベージュ（31）
顔	27〜35	生成り（1）	生成り（1）
服	13〜26	ハンターグリーン（24）	赤紫（45）
ベルト	11〜12	ライトオパール（34）／セルリアンブルー（17）	生成り（1）
ズボン	5〜10	ライトオパール（34）／セルリアンブルー（17）	ダークレッド（10）
靴	1〜4	薄茶色（4）	セルリアンブルー（17）

Aマフラー
2号針（43）

Bエプロン
2号針（1）

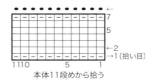

本体11段めから拾う

Bの髪の毛（31）

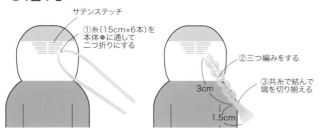

サテンステッチ

①糸（15cm×6本）を本体●に通して二つ折りにする

②三つ編みをする

③共糸で結んで端を切り揃える

3cm

1.5cm

a. 帽子 b. ベレー帽 c. マフラー d. バッグ e. マント

Photo ▶ P.15

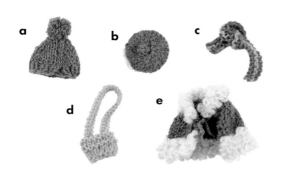

材料と用具

糸

ハマナカアメリーエフ《合太》
a帽子 …パープルヘイズ（511）
bベレー帽 …ピーコックグリーン（515）
cマフラー …マリーゴールドイエロー（503）、ラベンダーブルー（513）
dバッグ …マリーゴールドイエロー（503）
eマント …ピーコックグリーン（515）
ハマナカソノモノループ
b、e共通 …生成り（51）
針 棒針3号、4号　b、e共通 …棒針15号

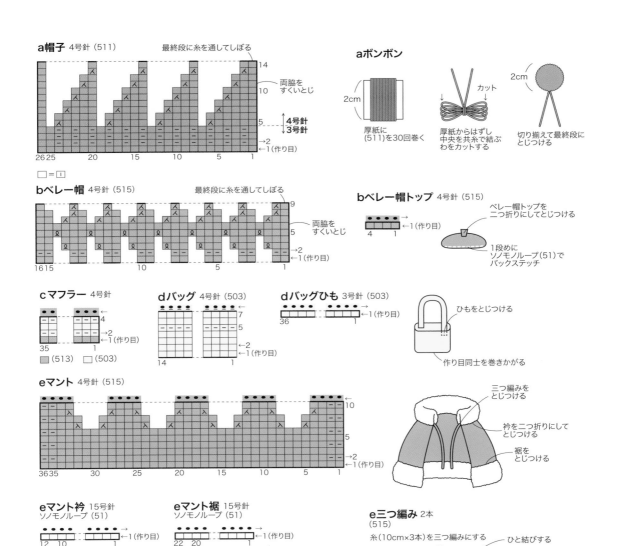

編み目記号＆編み方

指でかける作り目

人さし指に
かける
親指にかける
編み幅の
約3倍の長さ

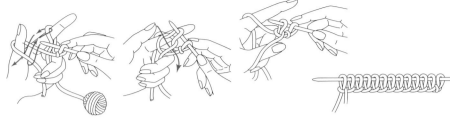

表目
□

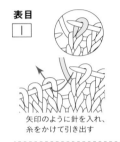

矢印のように針を入れ、
糸をかけて引き出す

裏目
□

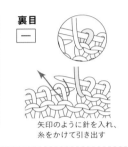

矢印のように針を入れ、
糸をかけて引き出す

伏せ目
●

2目表目を編み、
1目めをかぶせる

ねじり目
Ω

ねじるように
表目を編む

ねじり増し目
Ω

渡り糸を
すくって
表目を編む

かけ目
○

糸をかける

右上2目一度
☒

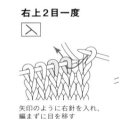

矢印のように右針を入れ、
編まずに目を移す

表目を編む

表目を編み、編まずに
移した目をかぶせる

左上2目一度
☒

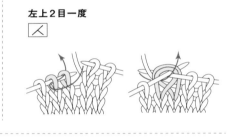

裏目の右上2目一度
☒

1

2目それぞれを編まずに
右針に移す

2

左針を2目の右側から
入れて目を戻す

3

矢印のように右針を
入れて、裏目で編む

4

裏目の左上2目一度
☒

2目を一度に裏目で編む

右上3目一度
☒

矢印のように右針を入れ、
編まずに目を移す

次の2目を一緒に表目で編む

1目めをかぶせる

かぶせる

すべり目
∨

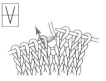

矢印のように右針を入れ、
編まずに目を移す

編み糸を向こう側に渡した
まま、次の目を表で編む

右上2目と1目の交差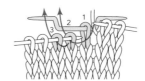

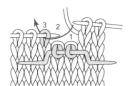

右の2目を別針に休ませて
手前に置き、3目めを
表目で編む

右の1目めを別針に休ませて
向こう側に置き、
次の2目を表目で編む

左上2目と1目の交差

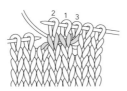

休めていた2目を
表目で編む

休めていた1目を
表目で編む

メリヤスはぎ（目と目）

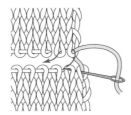
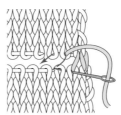
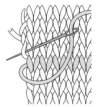

最初は端の目の裏側から糸を出す。
続けて、手前の1、2目めに図のように
針を入れ、向こう側の目に
矢印のように針を入れて糸を出す

次は手前の2、3目めに図のように
針を入れ、向こう側の2、3目に
矢印のように針を入れて糸を出す

最後は向こう側の端の目の裏側に
針を出して糸を引き抜く

糸を横に渡す編み込み模様

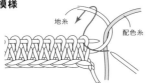
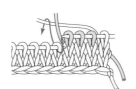
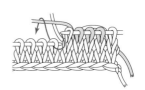

地糸と配色糸を交差させてから
地糸で最初の目を編む

配色糸で指定の目数を編む。
糸を替える時は配色糸を
上において休ませ、地糸で編む

配色糸に替える時は、地糸を
下にして休ませ、配色糸で編む。
※糸の上下を変えないように注意する

刺繍の刺し方

ストレートステッチ

サテンステッチ

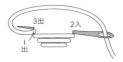

バックステッチ

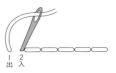

フレンチノットステッチ（2回巻き）

1に出し、針に糸を
2回巻きつける

1の際の2に
針を半分入れる

糸を引いて、玉を
引きしめ、針を裏へ
引き抜く

フレンチノット
ステッチの2回巻き

レゼーデージーステッチ

作品制作（五十音順）

池上 舞

大垣内圭子

おのゆうこ（ucono）

金子祥子

くげなつみ

佐藤文子

庄司靖子

花木星ミトン

blanco

ミドリノクマ

minao（横田美奈）

横山かよ美

STAFF

ブックデザイン　橘川幹子
撮影　　　　　　白井由香里
製図・トレース　ミドリノクマ
校閲　　　　　　庄司靖子
編集　　　　　　中田早苗
編集デスク　　　川上裕子（成美堂出版編集部）

素材提供

ハマナカ株式会社

京都府京都市右京区
花園薮ノ下町2番地の3
FAX 075-463-5159
E-mail info@hamanaka.co.jp
http://www.hamanaka.co.jp

本書に掲載した糸、用具、材料の情報は2023年9月現在のものです。印刷物のため、作品の色は現物と多少異なる場合があります。本書に掲載した作品を複製して販売、頒布、コンテストなどに応募することは禁じられています。

小さな編み人形100

編　者　成美堂出版編集部

発行者　深見公子

発行所　成美堂出版
　　　　〒162-8445　東京都新宿区新小川町1-7
　　　　電話(03)5206-8151　FAX(03)5206-8159

印　刷　凸版印刷株式会社